A paixão e ressurreição de Jesus

**Dados Internacionais de Catalogação na Publicação (CIP)**
**(Câmara Brasileira do Livro, SP, Brasil)**

---

Garmus, Lodovico
　A paixão e ressurreição de Jesus : leitura e meditação a partir dos evangelhos / Ludovico Garmus. – Petrópolis, RJ : Vozes, 2012.

　Bibliografia

　ISBN 978-85-326-4304-9

　1. Jesus Cristo – Paixão  2. Jesus Cristo – Ressurreição  I. Título.

11-14449                                                    CDD-232.96

---

Índices para catálogo sistemático:

1. Jesus Cristo : Paixão, morte e ressurreição :
　　Cristologia   232.96

Ludovico Garmus

# A paixão e ressurreição de Jesus

Leitura e meditação a partir dos evangelhos

Petrópolis

© 2012, Editora Vozes Ltda.
Rua Frei Luís, 100
25689-900 Petrópolis, RJ
Internet: http://www.vozes.com.br
Brasil

Todos os direitos reservados. Nenhuma parte desta obra poderá ser reproduzida ou transmitida por qualquer forma e/ou quaisquer meios (eletrônico ou mecânico, incluindo fotocópia e gravação) ou arquivada em qualquer sistema ou banco de dados sem permissão escrita da Editora.

**Diretor editorial**
Frei Antônio Moser

**Editores**
Aline dos Santos Carneiro
José Maria da Silva
Lídio Peretti
Marilac Loraine Oleniki

**Secretário executivo**
João Batista Kreuch

*Editoração*: Fernando Sergio Olivetti da Rocha
*Projeto gráfico*: Sheilandre Desenv. Gráfico
*Capa*: Omar Santos

ISBN 978-85-326-4304-9

Editado conforme o novo acordo ortográfico.

Este livro foi composto e impresso pela Editora Vozes Ltda.

# Sumário

*Introdução*, 7

1 Preparativos para a Páscoa (Mt 26,1-16; Mc 14,1-11; Lc 22,1-6), 9
   1.1 Unção de Betânia (Mt 26,6-13; Mc 14,3-9; Jo 12,1-8; cf. Lc 7,36-50), 11
   1.2 A traição de Judas (Mt 26,14-16; Mc 14,10-11; Lc 22,3-6; Jo 11,57), 13

2 A Última Ceia (Mt 26,17-35; Mc 14,12-31; Lc 22,7-39; Jo 13,21-30), 15
   2.1 Preparativos para a ceia pascal (Mt 26,17-19), 16
   2.2 Anúncio da traição (Mt 26,20-25), 16
   2.3 A ceia de despedida (Mt 26,26-29), 17
   2.4 O pastor ferido e as ovelhas dispersas (Mt 26,30-35), 19

3 Agonia de Jesus no Getsêmani (Mt 26,36-46; Mc 14,32-42; Lc 22,40-46), 21

4 Jesus é traído e preso (Mt 26,47-56; Mc 14,43-52; Lc 22,47-53; Jo 18,2-18), 25

5 Processo diante do Sinédrio (Mt 26,57-68; Mc 14,53-65; Lc 22,54-55), 29

6 A negação de Pedro (Mt 26,69-75; Mc 14,66-72; Lc 22,56-62; Jo 18,25-27), 37

7  Jesus entregue a Pilatos e o fim de Judas (Mt 27,1-10; Mc 15,1; Lc 23,1), 41

8  O "processo" de Jesus diante de Pilatos (Mt 27,11-31; Mc 15,2-15; Lc 23,2-25; Jo 18,39–19,15), 45
   8.1  Jesus ou Barrabás? (Mt 27,15-26), 48

9  Jesus é crucificado (Mt 27,32-44; Mc 15,21-32; Lc 23,26-43; Jo 19,17-27), 53
   9.1  Jesus sofre zombarias na cruz (Mt 27,39-44), 57

10  Jesus morre na cruz (Mt 27,45-56; Mc 15,33-41; Lc 23,44-49), 61
   10.1  Sinais milagrosos marcam a morte de Jesus (Mt 27,51-56), 64

11  O sepultamento de Jesus (Mt 27,57-66; Mc 15,42-47; Lc 23,50-56; Jo 19,38-42), 69
   11.1  O sepulcro é vigiado (Mt 27,62-66), 71

12  Deus ressuscita Jesus (Mt 28,1-10; Mc 16,1-8; Lc 24,1-12; Jo 20,1-18), 75
   12.1  Jesus aparece às mulheres (Mt 28,8-10), 80

13  O suborno dos soldados (Mt 28,11-15), 83

14  Aparição na Galileia e a missão aos gentios (Mt 28,16-20; cf. Mc 16,9-20; Jo 21), 85

*Referências*, 91

# Introdução

No passado os estudiosos eram quase unânimes em afirmar que as narrativas da paixão dos quatro evangelhos dependiam de um relato ainda anterior a Marcos, o primeiro evangelho a ser escrito[1]. Exagerando um pouco, poder-se-ia dizer que "os evangelhos são história da paixão com algumas introduções minuciosas". O que é certo dizer, nisso estão todos de acordo, é que, do ponto de vista literário, a história da paixão foi a primeira parte da tradição acerca de Jesus fixada por escrito[2]. Os evangelhos, portanto, começaram a ser escritos, "de trás para frente", no contexto da ceia pascal, que levou a narrar o que aconteceu "na noite em que foi entregue".

Mais recentemente, porém, a maioria dos exegetas põe em dúvida tal afirmação e sustenta que os relatos da paixão tiveram um processo de formação semelhante ao de outras partes dos evangelhos. Cada um dos evangelistas, a começar por Marcos, teria recolhido e ordenado tradições e episódios esparsos, organizando o material numa narrativa coerente. De fato, também nos relatos da paixão são visíveis as características estilísticas e teológicas próprias a cada evangelho.

Há, porém, elementos favoráveis à primeira opinião: Os quatro evangelistas têm por base um esquema comum, que inclui os fatos acontecidos no Getsêmani, o processo diante da

---

[1]. MAGGIONI, Bruno. *Os relatos evangélicos da paixão*, p. 6-11.

[2]. MARXSEN, Willi. *El evangelista Marcos*, p. 27.

autoridade judaica e romana, o caminho da cruz, a crucifixão e a sepultura. Dentro de cada episódio há também elementos semelhantes, mais do que em outras partes dos evangelhos. É notável ainda a conexão entre os vários episódios, com indicações de lugar e de tempo, que dão coerência, resultando numa verdadeira história. Deve ter existido, portanto, uma primeira narrativa da paixão, elaborada bem cedo, e que começava com a prisão no Getsêmani, episódio com o qual começa o acordo também com o evangelho de João[3].

Nosso estudo, que incluirá também os relatos da ressurreição, seguirá a narrativa de Mateus, com referências contínuas aos outros evangelhos sinóticos e, eventualmente, também a João. Como texto bíblico, utilizaremos a tradução da Bíblia da Editora Vozes.

A narrativa da paixão e ressurreição de Mateus ocupa 1/7 da extensão do evangelho e segue em grande parte a tradição comum dos Sinóticos. Parece mais próxima do gênero histórico, pois se apresenta bem ordenada, com fatos individuais bem caracterizados, ricos em pormenores de ordem cronológica e topográfica. O interesse, porém, é de caráter litúrgico, apologético e teológico, já presente na catequese apostólica.

---

**3.** MAGGIONI, Bruno. *Os relatos evangélicos da paixão*, p. 8.

# 1

## Preparativos para a Páscoa
## (Mt 26,1-16; Mc 14,1-11; Lc 22,1-6)

1Ao terminar todos estes discursos, Jesus disse aos discípulos: 2"Sabeis que dentro de dois dias será a Festa da Páscoa, e o Filho do homem será entregue para ser crucificado".

3Nessa ocasião, os sumos sacerdotes e os anciãos do povo reuniram-se no palácio do sumo sacerdote, chamado Caifás, 4e resolveram prender Jesus à traição, para o matar. 5Diziam, no entanto: "Não seja durante a festa, para não haver tumulto entre o povo".

6Quando Jesus estava em Betânia, na casa de Simão, o leproso, 7uma mulher chegou perto dele com um vaso feito de alabastro, cheio de precioso perfume e derramou-lhe sobre a cabeça enquanto ele estava à mesa. 8Vendo isso, os discípulos disseram indignados: "Para que tanto desperdício? 9Este perfume poderia ser vendido por bom preço, e o dinheiro distribuído aos pobres". 10Ao ouvir isso, Jesus lhes disse: "Por que incomodais esta mulher? Ela me fez uma boa ação. 11Porque pobres sempre os tendes convosco, a mim, porém, nem sempre me tendes. 12Ao derramar este perfume no meu corpo, ela me ungiu para a sepultura. 13Eu vos garanto que, em qualquer parte do mundo onde este evangelho for anunciado, será também contado, em sua memória, o que ela fez".

14Então, um dos Doze, chamado Judas Iscariotes, foi falar com os sumos sacerdotes 15e lhes disse: "Quanto quereis dar-me, se eu vos entregar Jesus?" *Eles decidiram dar-lhe trinta moedas de prata.* ₁₆A partir de então, procurava uma ocasião oportuna para entregá-lo.

Quatro cenas curtas (26,1-2.3-5.6-13.14-16) apontam diversas perspectivas e os diferentes papéis dos atores fundamentais na morte de Jesus: Jesus prediz sua própria morte; a elite religiosa a planeja; uma discípula reconhece a iminência da morte enquanto outros discípulos não percebem; e Judas, por sua vez, ajuda a trair Jesus.

O texto se inicia com uma frase de transição (v. 1-2), que conclui o discurso de Jesus sobre os sinais de sua vinda futura e o estabelecimento do reino de Deus, nos capítulos 24 e 25. Ao dizer *todos os discursos*, a frase lembra também os quatro discursos doutrinais de Jesus (caps. 5-7, 10, 13 e 18), que terminam com a mesma frase (7,28; 11,1; 13,53; 19,1). Com uma frase conclusiva semelhante Moisés conclui todos os seus discursos em Dt 32,45; assim, como Moisés, também Jesus ensina a vontade de Deus.

Jesus fala aos seus discípulos, anunciando mais uma vez sua morte iminente. Já havia falado de sua morte três vezes antes (16,21; 17,12.22-23; 20,18-19); agora prevê que será por ocasião da Páscoa. Aquele que julgará o mundo e condenará a elite resistente e opressiva (24,30-31) deve ser submetido ao seu poder destrutivo; será crucificado, tipo de execução que os romanos aplicavam para controle político. Os discípulos deverão seguir seu mestre: "Se alguém quiser vir após mim, renuncie a si mesmo, tome a sua cruz e me siga" (16,24; cf. 10,38); serão perseguidos, torturados e condenados à morte (10,17-21; 24,9-10).

No palácio do sumo sacerdote Caifás se reúnem os "sumos sacerdotes" e anciãos do povo para planejar a morte de Jesus (26,3-5). Jesus já indicara o papel da elite religiosa, dos sumos sacerdotes, anciãos e do Sinédrio, na sua morte (16,21; 20,18; cf. 26,47; 27,1.3.12.20.41). Os "sumos sacerdotes" são os ex-sumos sacerdotes. De fato, entre os anos 15 e 18 dC nenhum sumo sacerdote ficou no cargo mais do que um ano; em geral, eram do partido dos saduceus. Eles fazem parte da classe governante; como aliados de Herodes (2,4) e Pilatos (27,62-66), são os beneficiários e protetores da situação e suas práticas injustas. Apesar de saber o que planejam, Jesus permanece fiel à sua missão. A tensão entre eles e Jesus aumentou desde o cap. 21, quando ficam irritados com sua ação no Templo, ao expulsar vendedores e cambistas, que contestam sua autoridade e recusam-se a reconhecê-lo como agente de Deus. Em 21,45, com os fariseus, planejam prendê-lo. Opondo-se ao ungido de Deus, eles apoiam o papel das nações, "os reis da terra" (cf. Sl 2,2; At 4,23-28). A princípio queriam eliminar Jesus, mas "não durante a Páscoa", para evitar tumulto, pois estavam lembrados do sucesso de Jesus diante das multidões (21,1-17). A Festa da Páscoa, que seria "daqui a dois dias", lembra a libertação dos hebreus e a morte dos primogênitos do Egito.

## 1.1 Unção de Betânia (Mt 26,6-13; Mc 14,3-9; Jo 12,1-8; cf. Lc 7,36-50)

A cena contrasta com a do palácio de Caifás, onde se trama a morte de Jesus. Jesus está em Betânia (21,17), na casa de Simão, o leproso. Betânia (*bet-'anî*), "casa do pobre", é um vilarejo na encosta oriental do Monte das Oliveiras, a 3km de Jerusalém, no caminho para Jericó, lugar onde moravam também Lázaro, Marta e Maria (Lc 10,38; Jo 11,1). O lugar é lembrado na entrada de Jesus em Jerusalém (Mt 21,17; Jo 12,8) e na sua Ascensão ao céu (Lc 24,50). João coloca o episódio "seis dias antes da Páscoa" (12,1). Jesus está na casa de um leproso (curado por ele?), isto é, de um excluído, e é ungido por uma mulher anônima, que João identifica com Maria. O perfume que ela usa era muito caro. Bastaria usar um pouco dele para perfumar Jesus e todo o ambiente e a mulher "derramou" o conteúdo sobre a cabeça de Jesus. Era costume, bem documentado na Antiguidade, ungir um hóspede num banquete com óleo perfumado. João diz que Maria ungiu com perfume os pés de Jesus e os enxugou com seus cabelos (12,3). A mulher não interpreta seu gesto, apenas unge com generosidade a cabeça de Jesus. A unção na cabeça lembra as unções de sacerdotes (Ex 29,7; Lv 21,10) e reis (1Sm 10,1: Saul; 16,6: Davi). Este gesto de ungir expressa uma missão para executar um papel especial a serviço de Deus. Aqui indica que Jesus é rei (cf. 2,2; 27,11.29.37.42). Na cruz, o letreiro lembrará Jesus como rei.

Os discípulos ficam irritados com tanto desperdício (v. 8-9); estariam lembrados da exortação de Jesus que os convidava a aliviar o sofrimento dos pobres? (25,31-46). João diz que o protesto foi de Judas.

Jesus, porém, defende a mulher: "Por que incomodais a mulher? Ela fez uma boa ação para mim". Jesus interpreta: O gesto da mulher não significa um descuido do compromisso com os pobres. Jesus remete para Dt 15,11: "Uma vez que nunca deixará de haver pobres na terra, eu te dou este mandamento; abre a mão para o irmão, para o necessitado e para o pobre de tua terra". O próprio Jesus ensinou que devemos cuidar dos pobres: aliviar a pobreza por meio de empréstimos (5,42), esmola (6,1-4), partilha dos bens acumulados (19,16-22) e pela prática da misericórdia (25,31-46). Segundo Jesus, ela ungiu previamente seu corpo para a sepultura, em vista de sua morte iminente. De fato, José de Arimateia envolveu o corpo de Jesus apenas num lençol limpo e o sepultou às pressas no seu próprio túmulo (27,57-61); na manhã do primeiro dia da semana, as mulheres apenas "foram ver o sepulcro" (28,1). Jesus promete que o gesto carinhoso da mulher será lembrado "em qualquer parte do mundo, onde este evangelho for anunciado" (cf. 28,16-20); portanto, um gesto que fará meditar e agir (cf. 25,31-46: "tive fome e me destes de comer...").

## 1.2 A traição de Judas (Mt 26,14-16; Mc 14,10-11; Lc 22,3-6; Jo 11,57)

A traição de Judas contrasta com a cena da unção em Betânia. Os discípulos protestam pelo desperdício do perfume usado num gesto de carinho de uma mulher com Jesus, que valeria "mais de trezentas moedas de prata" (Mc 14,5), enquanto Judas entrega Jesus por apenas 30 moedas de prata, o preço de um escravo (Ex 21,32). Jesus previu que a ocasião oportuna desta "entrega" seria a Festa da Páscoa (26,2). Mais tarde Paulo dirá que é Jesus que se "entrega" a si mesmo por amor: "Cristo... me amou e se entregou por mim" (Gl 2,20; cf. Ef 5,2).

# 2

# A Última Ceia
## (Mt 26,17-35; Mc 14,12-31; Lc 22,7-39; Jo 13,21-30)

17No primeiro dia da Festa dos Pães sem Fermento os discípulos se aproximaram de Jesus e perguntaram: "Onde queres que te preparemos a Ceia da Páscoa?" 18Ele respondeu: "Ide à cidade, à casa de certo homem, e dizei-lhe: O Mestre mandou dizer: O meu tempo está próximo; quero celebrar em tua casa a Páscoa com os meus discípulos". 19Os discípulos fizeram como Jesus lhes tinha mandado e prepararam a Ceia da Páscoa.

20Chegada a tarde, ele se pôs à mesa com os Doze. 21E, enquanto comiam, disse-lhes: "Eu vos garanto que um de vós me entregará". 22Muito tristes, começaram a dizer um por um: "Por acaso sou eu, Senhor?" 23Ele respondeu: "Quem põe comigo a mão no prato, esse me entregará. 24O Filho do homem segue seu caminho como dele está escrito; mas ai daquele por quem o Filho do homem for traído! Melhor seria para esse homem não ter nascido". 25Então Judas, que ia entregá-lo, perguntou: "Por acaso sou eu, Mestre?" E ele respondeu: "Tu o disseste".

26Enquanto comiam, Jesus tomou um pão e pronunciou a bênção. Depois, partiu o pão e o deu aos discípulos, dizendo: "Tomai e comei, isto é o meu corpo". 27Em seguida, tomando um cálice e, depois de dar graças, deu-lhes, dizendo: "Bebei dele todos, 28pois isto é o meu sangue, o sangue da Aliança, derramado por muitos, para o perdão dos pecados. 29Digo-vos que já não beberei deste fruto da videira até o dia em que o beberei de novo convosco no reino de meu Pai".

30Depois de terem cantado os salmos, saíram para o monte das Oliveiras. 31Então Jesus lhes disse: "Todos vós ficareis decepcionados comigo esta noite, porque está escrito: *Ferirei o pastor e as ovelhas se dispersarão*. 32Mas, depois de ressuscitar, irei à vossa frente para a Galileia". 33Pedro tomou a palavra e lhe disse: "Ainda que todos fiquem desapontados contigo, eu jamais me decepcionarei". 34Jesus lhe respondeu: "Eu te garanto que nesta mesma noite, antes que o galo cante, já me terás negado três vezes". 35Pedro insistiu: "Ainda que eu tenha de morrer contigo, não te negarei". E o mesmo diziam todos os discípulos.

## 2.1 Preparativos para a ceia pascal (Mt 26,17-19)

O "primeiro dia" seria dia 15 do mês *nisan*, o primeiro dos sete dias, em que se comiam pães sem fermento. A pedido do próprio Jesus, os discípulos haviam preparado a sua entrada triunfal em Jerusalém (21,1-6). Agora são eles que perguntam a Jesus onde desejaria celebrar a páscoa, para fazerem os preparativos. Mateus omite os detalhes a respeito do dono e do lugar (Mc 14,12-16). Enquanto Judas se prepara para trair Jesus, os outros discípulos preparam a páscoa, cujo ritual é descrito em Nm 9,1-5.11-12. Jesus se refere a si mesmo como "Mestre", modo habitual de os adversários o qualificarem (8,19; 9,11; 12,38; 19,16; 22,16.24.26). Jesus está consciente que o "tempo", isto é, sua morte (26,2), está próxima. A páscoa era celebrada por família (Ex 12,1-14; Nm 9,1-14); as famílias menores podiam unir-se às maiores. Jesus a celebra com seus discípulos.

## 2.2 Anúncio da traição (Mt 26,20-25)

A indicação do traidor em Mateus e Marcos é ambientada no contexto da ceia pascal, por isso repetem "enquanto comiam" (v. 21 e 26); em Lucas a cena vem depois da ceia pascal. Quando Jesus anuncia que um deles vai traí-lo, os discípulos perguntam, um por um, "por acaso sou eu?" Em Marcos eles discutem uns com os outros. Os discípulos chamam Jesus de "Senhor", enquanto Judas o chama "Mestre" (*rabi*); só Mateus lembra que Judas também perguntou, ao dizer que a pergunta foi feita "um por um". Na resposta de Jesus, fica claro o contraste entre a comunhão à mesa e a traição. "Quem põe comigo a mão no prato" é uma referência ao Sl 41,10. Comer da mesma mesa, do mesmo prato, significa comunhão. A traição de Judas rompe esta comunhão; por isso é um pecado tão grave que merece o terrível "ai", como de alguém indigno de viver (cf. 18,7). Enquanto o gesto da mulher que ungiu Jesus será lembrado sempre, onde quer que o evangelho for pregado, a traição de Judas, um discípulo escolhido por Jesus, será lembrada como um fato culposo e triste. A expressão "conforme está escrito" reforça a ideia de um Jesus consciente, pronto para fazer a vontade do Pai (26,12.39). Ele tem o controle dos fatos e não é simples vítima das ações de Judas e dos sumos sacerdotes. A vontade do Pai é a salvação de todos ("muitos", v. 28), mas a crucifixão não é o verdadeiro objeto do querer divino. "Deus não se compraz na morte do Filho, mas pede-lhe fidelidade a todo custo, mesmo ao preço da vida" (Barbaglio).

## 2.3 A ceia de despedida (Mt 26,26-29)

João já fez sua catequese eucarística no cap. 6 no discurso do "pão vivo"; por isso substitui a narrativa da instituição da eucaristia pelo lava-pés e o mandamento do amor que, no Quarto Evangelho, faz parte integrante do mistério eucarístico. Apesar disso temos quatro textos que representam duas tradições da ceia eucarística: a de Mateus e Marcos e a de Lucas e Paulo (1Cor 11,23-26). Mateus e Marcos representam a tradição litúrgica de Jerusalém e Lucas e Paulo, a de Antioquia. Diferentemente de João (13,1-2.29; 18,28), os Sinóticos apresentam a Última Ceia como refeição pascal. A descrição concisa dos gestos e palavras reflete a catequese litúrgica antiga, anterior aos evangelhos escritos.

*"Enquanto comiam"*: isto é, enquanto se desenvolvia o rito da ceia pascal. "Tomou um pão e pronunciou a bênção": Isto é, recitou a fórmula de bênção e de louvor, como era costume nas refeições judaicas. São gestos como os da multiplicação dos pães (14,19; 15,36). "Partiu o pão": o gesto de partir o pão e de distribuí-lo aos comensais, feito pelo chefe de família, era um símbolo de fraternidade entre os judeus. A primeira caracterização da eucaristia na Igreja primitiva é o do "partir do pão".

*"Isto é o meu corpo"*: O que Jesus tem em suas mãos *é*, isto é, na linguagem bíblica, *significa*, é um sinal vivo. É um "memorial" na linguagem paulina e de Lucas, isto é, um memorial que atua, torna presente o que recorda. Recorda o corpo de Jesus que seria sacrificado na cruz e no uso litúrgico da Igreja, o corpo ressuscitado do Senhor. É provável que Jesus, em aramaico, tenha dito "minha carne" (cf. Jo 6,51-58), isto é, o ser humano inteiro, na sua concretude. Paulo e Lucas acrescentam "que é dado por vós; fazei isto em memória de mim" (Lc 22,19; 1Cor 11,24).

*"O sangue da aliança"*: Mateus e Marcos nas palavras sobre o cálice seguem o mesmo que se diz sobre o pão, acrescentando apenas *"o sangue da aliança"*, para lembrar a aliança que Moisés estabeleceu, a aliança aos pés do monte Sinai: "Este é o sangue que o Senhor faz convosco" (Ex 24,8). Trata-se do sangue que será derramado sobre a cruz, selando a nova aliança de Deus com a humanidade (cf. Hb 8,6-13). Lucas e Paulo têm um pouco diferente: *"Este cálice é a nova ali-*

*ança em meu sangue*" (Lc 22,20; 1Cor 11,25). – "*Por muitos*": Segundo o uso bíblico, por uma multidão de gente, isto é, por todos (cf. 20,28; Is 53,12); Lucas e Paulo dizem "*por vós*", isto é, os participantes do rito eucarístico.

"*Já não beberei deste fruto da vinha até o dia em que beberei de novo convosco no reino de meu Pai*": O dito se refere ao rito da ceia pascal, que Lc 22,16 coloca no início da ceia, como o primeiro dos quatro cálices, que eram servidos. Mateus e Lucas frisam que se trata da ceia de despedida, a última refeição terrestre celebrada com os discípulos, e apontam para o banquete escatológico para o qual eles estão convidados (22,2-10; 8,11; cf. Ap 21,1-3).

## 2.4 O pastor ferido e as ovelhas dispersas (Mt 26,30-35)

A Última Ceia é precedida pelo relato da traição de Judas (26,14-16) e seguida pelo anúncio do abandono dos discípulos e da negação de Pedro.

"*Cantado o hino*" (v. 30), isto é, os Sl 115–118, que eram recitados ao final da ceia pascal.

"*Ficareis decepcionados comigo*" (v. 31), literalmente "escandalizados", ireis tropeçar e cair por minha causa, havereis de me abandonar. Escandalizar é um semitismo que significa tropeçar, fazer tropeçar, ficar chocado, decepcionado. Os discípulos já ficaram chocados com o chamado de Jesus para o caminho da cruz (11,6; 13,57; 15,12). Agora haveriam de abandoná-lo. Mateus e Marcos citam neste contexto Zc 13,7: "ferirei o pastor e as ovelhas se dispersarão". O texto de Zc 13,7-9 conclui-se prometendo que um terço do povo será restaurado. Jesus também promete reunir novamente todo o grupo: "Mas, depois de ressuscitar, irei à vossa frente para a Galileia" (v. 32). Jesus já havia anunciado várias vezes não só sua morte, mas também a ressurreição (16,21; 17,23; 20,19).

"*Na Galileia*": Enquanto Lucas centraliza as aparições de Jesus ressuscitado em Jerusalém, Mateus e Marcos as colocam na Galileia. A Galileia, o "distrito das nações" (Is 8,23), onde Jesus iniciou sua pregação (Mt 4,15), será o ponto de partida da missão dos discípulos para todos os povos (28,11-20).

Pedro, porém, promete que nunca tropeçará por causa de Jesus nem o abandonará, mesmo que todos os outros o façam (v. 33-35). Resiste às palavras de Jesus como o fizera diante do primeiro anúncio da paixão (16,21-23). Afirma estar disposto a morrer com Jesus e jamais o negará. Na viagem para Jerusalém, após repreender Pedro (16,23), Jesus havia afirmado que para ser seu discípulo era necessário "renunciar/negar a si mesmo" e tomar a própria cruz (16,24). Por ironia, para fugir da cruz, o próprio Pedro haveria de negar a Jesus três vezes. Da mesma forma, todos os outros discípulos também prometem não abandonar Jesus.

# 3

# Agonia de Jesus no Getsêmani
(Mt 26,36-46; Mc 14,32-42; Lc 22,40-46)

36Então Jesus se retirou com os discípulos para um sítio chamado Getsêmani e lhes disse: "Sentai-vos aqui, enquanto vou ali para orar". 37Levou consigo Pedro e os dois filhos de Zebedeu, e começou a ficar triste e angustiado. 38Então lhes disse: "Minha alma está triste até à morte. Ficai aqui em vigília comigo". 39Adiantou-se um pouco, prostrou-se com o rosto em terra e orava, dizendo: "Pai, se for possível, afasta de mim este cálice, contudo não se faça como eu quero, mas como tu queres". 40Voltou até os discípulos e os encontrou dormindo. E disse a Pedro: "Não fostes capazes de vigiar uma hora comigo? 41Vigiai e orai para não cairdes em tentação. O espírito está pronto, mas a carne é fraca". 42Afastou-se pela segunda vez e orou, dizendo: "Pai, se este cálice não pode passar sem que eu dele beba, faça-se a tua vontade". 43E, voltando outra vez, os encontrou adormecidos. É que eles tinham os olhos pesados de sono. 44Deixou-os de novo e foi orar pela terceira vez, dizendo as mesmas palavras. 45Então voltou até os discípulos e lhes disse: "Dormi agora e descansai! Já se aproxima a hora e o Filho do homem vai ser entregue em mãos de pecadores. 46Levantai-vos! Vamos! Já se aproxima quem me vai entregar".

Este texto revela um pouco da espiritualidade de Jesus e deveria ser lido junto com Mt 11,25-27; convém ler também Fl 2,5-11 e Hb 5,7-10. A cena da agonia de Jesus no Getsêmani começa com a descrição da chegada ao jardim e uma palavra de Jesus a todos (cf. Mc 14,32; Lc 22,40). Segue-se a oração de Jesus em três momentos (Mt 26,37-46; Mc 14,33-42). Em Lucas a oração e agonia são descritas em um tempo só (22,41-44), o fim da oração e uma palavra aos discípulos (22,45-46).

Mateus, mais do que Marcos, mostra Jesus como o protagonista das ações. É ele que toma a iniciativa de se retirar com seus discípulos para o jardim e lhes diz: "Sentai-vos aqui enquanto vou ali para orar" (v. 36). Parece associar a paixão de Jesus ao sacrifício de Abraão, que manda os servos ficar com o jumento, enquanto se retira com Isaac para adorar (Gn 22,5)[4].

Jesus deixa os discípulos e afasta-se um pouco, "levando consigo Pedro e os dois filhos de Zebedeu" (v. 37), que Marcos indica pelo nome Tiago e João. Os três (junto com André) foram os primeiros a serem chamados (4,18-22) e estão presentes na transfiguração (17,1-8); Tiago e João, acompanhados pela mãe, tinham pedido para serem os primeiros ao lado de Jesus no seu reino, afirmando estar prontos a beber o cálice (!) que Jesus vai beber (20,20-24). Jesus começa a ficar triste e aflito e pede solidariedade dos três: "Minha alma está triste até a morte; ficai aqui em vigília comigo" (v. 38). Como o salmista, Jesus busca o socorro junto a um Deus que parece ausente e inativo (cf. Sl 42,5.9-11; 43,1-2). Jesus não abraça calmamente a morte, como o fez Sócrates, ou "de boa vontade e generosamente" como o fizeram os macabeus (2Mc 6,18-20). A natureza humana de Jesus se revolta diante da iminente morte pelo suplício da cruz. A Epístola aos Hebreus descreve bem a intensidade do pavor de Jesus: "Ele, nos dias de sua vida mor-

---

[4]. MAGGIONI, Bruno. *Os relatos evangélicos da paixão*, p. 37-38.

tal, dirigiu preces e súplicas, entre veementes clamores e lágrimas, àquele que o podia salvar da morte" (Hb 5,7).

*"Prostrou-se com o rosto por terra"* (v. 39): É uma posição bíblica comum para orar e encontrar o divino (Gn 17,3.17; Nm 22,31; Dn 8,7), mas também indica desespero e angústia (Nm 14,5). *"Meu Pai"*, Marcos tem *"Abba,* Pai": É uma maneira estranha de rezar no judaísmo, que na oração não esquece a inacessibilidade de Deus. Jesus, ao contrário, dizendo "meu Pai", expressa familiaridade e confiança, próprias do Filho Unigênito (Jo 1,18). *"Afasta de mim este cálice"*: Na tradição bíblica, cálice pode ser símbolo de felicidade (Sl 16,5) e também de desgraça (Sl 11,6). Jesus pede ao Pai para que o livre do conjunto dos sofrimentos, "preço do resgate por muitos" (20,28; cf. Is 53,10-12), especialmente da horrível morte por crucifixão, que o aguardavam. Na tradição bíblica não é raro pedir a Deus que mude seus planos (Moisés: Ex 32,10-14; Ezequias: 2Rs 20,1-6; Judas Macabeu: 1Mc 3,58-60). – *"Não... como eu quero, mas como tu queres"*: Embora sinta o pavor natural da morte, Jesus se abandona à vontade do Pai.

*"Para não cairdes em tentação"* (v. 41-42). Na oração do Pai-Nosso Jesus havia ensinado seus discípulos a rezar ao Pai para não caírem, não sucumbirem no momento da luta suprema. *"A carne é fraca"* – a fragilidade humana (carne) não pode ser esquecida, apesar da disposição da parte superior (o espírito), fato que fez sucumbir a Pedro; por isso a necessidade de vigiar e orar. *"A tua vontade"*: Isto é, que o Reino de Deus se cumpra; que se cumpra o plano salvífico que Deus dispôs desde a eternidade e que a vontade humana colabore com ele. Mateus é o único que põe na boca de Jesus o que ele ensinou no Pai-Nosso (6,10); a fidelidade que expressou na oração, confirma agora, pela obediência ao Pai até à morte, para cumprir o plano divino da salvação, a vinda do seu Reino.

*"Pela terceira vez"* (v. 44-46): Lembra as três tentações de Jesus no deserto, antes do início do ministério (4,1-11). Lembra também os três anúncios da paixão e as negações de Pedro; talvez queira indicar a intensidade da ação, como o lembra Paulo: "Por este motivo supliquei três vezes ao Senhor que o afastasse de mim" (cf. 2Cor 12,8). *"Dormi, agora, e descansai"*: É uma ironia de Jesus. Quando deviam vigiar com Jesus estavam dormindo... Agora que chegou a hora de Jesus, podem continuar dormindo, já que não estão preparados para enfrentar a hora da tentação. Jesus deverá enfrentar sozinho a sua hora. *"Vai ser entregue nas mãos dos pecadores"*: Jesus havia predito três vezes este momento e que seria entregue "nas mãos dos homens" (17,22). *"Levantai-vos, vamos!"* Os acontecimentos se precipitam e Jesus tenta mais uma vez preparar os discípulos para esta hora.

# 4

# Jesus é traído e preso
(Mt 26,47-56; Mc 14,43-52; Lc 22,47-53; Jo 18,2-18)

⁴⁷Jesus ainda estava falando, quando chegou Judas, um dos Doze, junto com um grande bando armado de espadas e cacetes, enviado pelos sumos sacerdotes e anciãos do povo. ⁴⁸O traidor lhes tinha dado esta senha: "Aquele que eu beijar é Jesus; prendei-o". ⁴⁹Tão logo chegou Judas, aproximou-se de Jesus e disse: "Salve, Mestre!" E o beijou. ⁵⁰Jesus lhe disse: "Amigo, faze o que tens a fazer". Então eles avançaram sobre Jesus e o prenderam. ⁵¹Nisso, um dos que estavam com Jesus meteu a mão na espada, puxou-a e feriu o escravo do sumo sacerdote, decepando-lhe a orelha. ⁵²Jesus, porém, lhe disse: "Põe a espada na bainha, pois quem toma da espada, pela espada morrerá. ⁵³Ou pensas que não posso pedir e ele me enviaria, neste instante, mais de doze legiões de anjos? ⁵⁴Mas, nesse caso, como vão cumprir-se as Escrituras, segundo as quais é assim que deve acontecer?" ⁵⁵Naquela hora Jesus disse à multidão: "Saístes para prender-me como se eu fosse um ladrão, com espadas e cacetes? Todos os dias eu estava sentado no Templo a ensinar, e não me prendestes. ⁵⁶Mas tudo isso aconteceu para que se cumprissem as Escrituras dos Profetas". Então todos os discípulos o abandonaram e fugiram.

O relato de Mateus é bastante parecido com o de Marcos. Mateus omite os "escribas" (talvez porque, como publicano, pertencia de certa forma a esta categoria?), mencionados por Marcos, entre os que estão no grupo que vem prender Jesus, e acrescenta que os "anciãos" eram "do povo", grandes proprietários. *"Aquele que eu beijar"* (v. 48): o beijo é a saudação normal entre os orientais e Judas o indica como senha para prender a Jesus. *"Amigo, faze o que tens a fazer"*: Alguns traduzem de forma interrogativa, "amigo, para que vieste?" Jesus interrompe a saudação, pronto para aceitar o desígnio de Deus, que se deve cumprir. Marcos omite a palavra de Jesus e Lucas diz: "Judas, com um beijo tu entregas o Filho do homem?"

*"Um dos que estava com Jesus meteu a mão na espada... e feriu o servo"* (v. 51). João identifica o agressor como sendo Pedro (Jo 18,10) e o ferido como Malco, e com Lucas afirma que Jesus tocou a orelha e curou-a instantaneamente.

*"Põe a espada na bainha"*: Ordenando a Pedro que desista de usar a espada, Jesus cita um provérbio: *"pois quem toma da espada, pela espada morrerá"*. Com isso, Mateus quer lembrar o trágico fim do povo judeu na revolta judaica de 70 dC, que culminou na destruição de Jerusalém e no massacre dos revoltosos. Enquanto os inimigos "lançam a mão para prender Jesus" (v. 50) e um discípulo estende a mão para ferir e derramar sangue, Jesus estanca o sangue do agressor, interrompe a cadeia da violência, pronto para fazer a vontade do Pai. Jesus estabelece para os "novos tempos" o princípio da não violência, que brota do amor, capaz de derramar seu sangue "por muitos/todos, para o perdão dos pecados" (26,27; cf. 5,38-42!).

*"Ou pensas que não posso pedir ao meu Pai"* (v. 53). A palavra de Jesus, omitida por Marcos e Lucas, coincide com a de João, que acrescenta: "Será que não devo beber o cálice que o Pai me deu?" (Jo 18,11) – *Doze legiões* (72 mil!) de anjos estariam disponíveis para Jesus (os romanos tinham apenas quatro legiões em Antioquia) se assim ele o pedisse ao Pai –, mas não o fez (26,39), descartando assim uma opção militar.

Em Lucas Jesus ainda concede que os discípulos levem para o Getsêmani "duas espadas", embora apenas para que se cumprisse a Escritura: "Foi contado entre os criminosos" (Lc 22,35-38); mas quando o servo do sumo sacerdote é ferido, manda parar imediatamente (22,49-51).

*"Como vão cumprir-se as Escrituras?"* (v. 54): Mateus, mais do que os outros evangelistas, insiste na "necessidade" teológica do cumprimento das Escrituras, sem neste caso citar um texto. Vários textos podem estar implicados: Zc 13,7 que fala do "golpear o pastor" (Mt 26,31); os profetas rejeitados (23,34-37), o sofrimento do justo nos salmos de lamentação (Sl 42–43), lembrados em Mt 26,38, e o servo sofredor de Is 52–53. São textos que falam do destino dos justos que se opõem à opressão dos tiranos injustos, no seu caminho de fidelidade a Deus[5].

É Mateus que nos dá o significado teológico. Neste início da paixão ele traça os princípios que ilustram o comportamento de Jesus no momento de sua prisão, projetando sua luz sobre o conjunto do mistério:

> Mateus nos apresenta Jesus, que escolhe com pleno conhecimento de causa e com toda a liberdade o caminho da humilhação, vendo nisso o caminho traçado no plano de Deus. Jesus recusa opor-se à violência com violência, porque tal tática não só não salva os homens, mas os aprisiona num ciclo infernal (26,52). Nega-se a recorrer a uma intervenção milagrosa do poder divino (cf. Mt 4,5-7!); tem certeza de poder obter do Pai uma intervenção deste tipo (26,53), mas sabe também que não é este o caminho a percorrer para atingir a finalidade[6].

---

5. CARTER, Warren. *O Evangelho de Mateus*, p. 635-636.
6. VANHOYE, A. e colab. *La passione secondo i quattro Vangeli*, p. 23.

# 5

## Processo diante do Sinédrio
## (Mt 26,57-68; Mc 14,53-65; Lc 22,54-55)

⁵⁷Os que prenderam Jesus levaram-no a Caifás, o sumo sacerdote, onde os escribas e anciãos se haviam reunido. ⁵⁸Pedro o seguiu de longe até o pátio do sumo sacerdote. Entrou ali e sentou-se junto com os guardas para ver como ia terminar. ⁵⁹Os sumos sacerdotes e todo o Sinédrio procuravam falsos testemunhos contra Jesus para condená-lo à morte. ⁶⁰Mas não os encontraram, embora muitas testemunhas falsas se tivessem apresentado. Finalmente apresentaram-se duas testemunhas ⁶¹que disseram: "Este homem falou: Posso destruir o Santuário de Deus e em três dias reconstruí-lo". ⁶²Então o sumo sacerdote levantou-se e perguntou: "Nada responde ao que estes depõem contra ti?" ⁶³Jesus, porém, permanecia calado. O sumo sacerdote lhe disse: "Conjuro-te pelo Deus vivo: dize-nos se tu és o Cristo, o Filho de Deus". ⁶⁴Jesus respondeu-lhe: "Tu o disseste. Entretanto eu vos digo: Um dia vereis o *Filho do homem sentado à direita do Todo-poderoso, vindo sobre as nuvens do céu*". ⁶⁵Então o sumo sacerdote rasgou as vestes e disse: "Blasfemou! Que necessidade temos de mais testemunhas? Acabais de ouvir a blasfêmia. ⁶⁶O que vos parece?" Eles responderam: "É réu de morte". ⁶⁷Então começaram a cuspir-lhe no rosto e a dar-lhe bofetadas, e outros a ferir-lhe o rosto, ⁶⁸e diziam: "Adivinha, ó Cristo, quem foi que te bateu?"

Nesta secção temos duas cenas: o processo diante do Sinédrio (26,57-66) e os insultos (26,67-68). O comparecimento de Jesus diante do sumo sacerdote e do Sinédrio é a primeira parte do assim chamado "processo" religioso, que tem um segundo momento, na manhã seguinte, o processo civil diante de Pilatos (27,11-26). Entre os dois processos temos cenas secundárias, a negação de Pedro (26,69-75) e o desespero de Judas (27,3-10). Como apêndices deste processo são descritas duas cenas de insultos, na casa de Caifás (26,67-68) e no pretório, diante de Pilatos (27,27-31).

O processo diante de Caifás, do Sinédrio, de Pilatos e de Herodes (26,57–27,31) envolve problemas de ordem histórica e jurídica e exigiria um estudo exegético dos relatos dos quatro evangelhos. Aqui importa constatar que cada evangelista dá um resumo dos fatos que lhe pareceram significativos e apropriados para edificar a fé de seus ouvintes. Mateus e Marcos falam de duas sessões diante do Sinédrio (Mt 26,57-68; 27,1-2; Mc 14,53-65; 15,1). Mateus e Marcos colocam a cena da flagelação e coroação de espinhos e os insultos no pretório, após a condenação; João os coloca no mesmo lugar, mas após o comparecimento diante de Herodes.

> Mais do que jogar a responsabilidade da condenação de Jesus sobre os primeiros atores da paixão [judeus e romanos], os presentes textos foram transmitidos nas primeiras igrejas para convidar os ouvintes a celebrar a morte e a ressurreição de Jesus. Por isso mesmo queriam levar os ouvintes a se reconhecerem, em cada geração, como condenados e salvos por esta morte e ressurreição[7].

O processo religioso teria se desenvolvido em dois momentos, como o dá a entender João, que fala de um comparecimento preliminar diante do ex-sumo sacerdote Anás, sogro de Caifás, na própria noite da prisão (Jo 18,13.19-23). Mateus

---

7. BONNARD, Pierre. *L'Evangile selon Saint Matthieu*, p. 387-388.

e Marcos omitem este comparecimento e antecipam o comparecimento diante de Caifás, que na realidade teria acontecido na manhã seguinte (cf. Lc 22,66). Este processo teria acontecido numa sala do Templo, sessão aludida em Mt 27,1-2. O tal processo inclui uma espécie de instrução criminal, com exclusão de testemunhas (26,57-61), o interrogatório do acusado (v. 62-64) e a sentença (v. 65-66). O motivo da condenação do pretenso messias e a usurpação blasfematória (v. 64) de prerrogativas divinas[8].

*"Levaram-no a Caifás, o sumo sacerdote"* (26,57): Mateus e Marcos não mencionam o comparecimento preliminar diante de Anás (cf. Jo 18,12-18), pois querem sublinhar o caráter oficial da sessão e Anás não era mais o sumo sacerdote. Caifás, do partido dos saduceus, exerceu sua função do ano 18 a 36, enquanto seus predecessores não ficaram no cargo por mais do que um ano. Um homem que por tanto tempo se manteve no cargo tinha a confiança dos romanos, que controlavam o cargo do sumo sacerdote, e não devia ser simpático a nenhum possível messias que poderia perturbar a relação com as autoridades romanas. Compreende-se que o local da conspiração contra Jesus foi o palácio de Caifás, na presença dos sumos sacerdotes, escribas e anciãos (26,3-5), que agora reaparecem.

*"Pedro o seguiu de longe"* (v. 58). Com esta frase, Mateus, como o fazem Marcos e João, introduz a cena da negação de Pedro, que segue mais adiante (v. 69-75). *"Para ver como ia terminar"*. – O desfecho do processo? O destino de Jesus ou que Pedro acabaria negando Jesus? (26,33-35). Com esta frase o narrador quer que o ouvinte se mantenha ligado.

---

8. LANCELLOTTI, Angelo. *Matteo*, p. 368.

*"Todo o Sinédrio"* (v. 59). O plenário do supremo tribunal judaico, o Sinédrio, compunha-se de 71 membros. Para a validade das decisões exigia-se a presença de pelo menos 23 membros. O Sinédrio tinha funções administrativas já no tempo dos macabeus (1Mc 12,6.35). Compunha-se de três classes: os anciãos (aristocracia leiga), os ex-sumos sacerdotes e membros de suas famílias e os escribas (em geral do partido dos fariseus) e era presidido pelo sumo sacerdote em função. É provável que no tempo de Jesus o Sinédrio pudesse instaurar um processo informativo, mas sem o direito de dar sentenças capitais, que deviam ser ratificadas e executadas pelo procurador romano.

*"Procuravam falsos testemunhos"*. Havia a preocupação de recolher testemunhos contra Jesus num processo regular, para levá-lo à condenação à morte, que na realidade já tinha sido decidida. Mas as testemunhas não eram concordes.

*"Apresentaram-se duas testemunhas"* (v. 60). Para uma sentença de morte exigiam-se duas testemunhas: "Sob o depoimento de duas ou três testemunhas será condenado à morte o réu de pena capital" (Dt 17,6). Na versão grega da história de Suzana são duas as testemunhas que acusam a pobre mulher de adultério (Dn 13).

*"Posso destruir o templo de Deus"* (v. 61). Mateus procura mitigar Marcos, que é mais incisivo: "Eu destruirei este Santuário feito por mãos humanas e em três dias edificarei outro que será feito não por mãos humanas" (14,58). E João interpreta: "Destruí este Santuário e em três dias eu o levantarei" (2,19), dizendo que "ele falava do santuário de seu corpo" (2,20). Em João, o "lugar" privilegiado do encontro com Deus não é mais o Templo, mas o próprio Jesus: "Na verdade eu vos

digo: vereis o céu aberto e os anjos de Deus subindo e descendo (cf. Gn 28,10-17) sobre o Filho do homem" (Jo 2,51); para adorar o Pai já não será necessário o Templo de Jerusalém (dos judeus) nem o do monte Garizim (dos samaritanos), porque "os verdadeiros adoradores adorarão o Pai em espírito e verdade" (Jo 4,23).

"*Jesus, porém, permanecia calado*" (v. 63). Jesus se comporta como o "servo do Senhor", o qual, "como ovelha muda diante dos tosquiadores, não abria a boca" (Is 53,7). Os membros do Sinédrio entenderam que Jesus, a exemplo dos essênios de Qumrân, pretendia instaurar um novo culto; portanto, era alguém perigoso para a ordem religiosa e política da nação. A acusação contra Jesus se baseia no episódio da expulsão dos vendilhões do Templo (Mt 21,12-13) e no anúncio de que do Templo não sobrará "pedra sobre pedra, mas tudo será destruído" (24,1-2). Que o Templo seria destruído, já foi anunciado por Miqueias (3,12) e Jeremias (26,8-9), profetas que falavam em nome de Deus. Estaria Jesus se arrogando o direito de falar em nome de Deus? Talvez por isso o sumo sacerdote, interpela Jesus, querendo arrancar de sua boca uma declaração mais explícita: "*Conjuro-te pelo Deus vivo: dize-nos se tu és o Cristo, o Filho de Deus*". Caifás introduz a pergunta por uma solene fórmula de juramento "pelo Deus vivo", da qual nenhum judeu podia escapar. É pouco provável que o sumo sacerdote e os membros do Sinédrio entenderam a fórmula "Filho de Deus" como o faz o Antigo Testamento, quando vê uma relação especial entre Deus e os seus eleitos, por exemplo, com o rei (cf. Sl 2,7: "Ele me disse: Tu és meu filho, eu hoje te gerei"). Na boca do sumo sacerdote a fórmula não tem a mesma profundidade como tem para os ouvintes e leitores do evangelho de Mateus. Eles sabem que não foi a "carne e o sangue" que fizeram Pedro confessar Jesus como "o Cristo, o Filho de Deus vivo", mas foi "o Pai que está nos céus" quem lhe revelou isso (Mt 16,16). Sabem que o próprio oficial romano, presenciando a morte de Jesus na cruz, confessou: "Verdadeiramente, este era Filho de Deus" (27,54).

*"Tu o disseste"* (v. 64): À pergunta formal do sumo sacerdote Jesus dá uma resposta também formal e precisa, confirmando ser o Messias, "ungido de Javé", chamado a sentar-se à sua direita (Sl 110,1). Embora confirmando, Mateus é menos explícito que Marcos, que diz "eu sou". Citando Dn 7,13, Mateus deixa claro que o messianismo do "Filho do homem vindo sobre as nuvens do céu não é como o dos chefes dos impérios, descritos na profecia de Daniel como animais ferozes, mas um messianismo misterioso e celestial. Jesus é rei, mas seu reino não é deste mundo, dirá João (18,33-38). "Jesus se proclamava Messias, mas não um Messias político, e sim um Messias essencialmente religioso, incluindo e exigindo até uma dignidade divina, ou, pelo menos, uma dignidade no mesmo plano que a de Deus". Mateus diz *"do Todo-poderoso"* ou "do Poder", evitando mencionar o nome "Javé". O sumo sacerdote percebeu na resposta de Jesus as suas pretensões de ser igual a Deus e por isso *"rasgou as vestes"*, gesto de forte dor (cf. Gn 37,28), que mais tarde[9] se tornou ato ritual para expressar indignação. Por isso, com veemência acusa Jesus de blasfêmia, acusação que na Lei mosaica acarretava a pena de morte.

*"É réu de morte"* (v. 66): o Sinédrio não tinha competência para condenar alguém à morte, mas aqui declara que o

---

9. BURNIER, Martinho Penido. *Perscrutando as Escrituras*, p. 41.

acusado merecia ser condenado à morte e, portanto, encaminhado ao tribunal civil.

"*Começaram a cuspir-lhe no rosto*" (v. 67): Aqui os vitupérios são atribuídos aos membros do Sinédrio, mas provavelmente foram feitos pelos súditos, servos e soldados do sumo sacerdote. Cena parecida acontece após a condenação civil. Os ultrajes lembram os sofridos pelo servo de Javé (Is 53,3.6).

# 6

## A negação de Pedro
(Mt 26,69-75; Mc 14,66-72; Lc 22,56-62; Jo 18,25-27)

69Enquanto isso, Pedro estava sentado lá fora, no pátio. Uma criada aproximou-se dele e disse: "Tu também estavas com Jesus, o Galileu". 70Mas ele negou diante de todos, dizendo: "Não sei o que dizes". 71Mas, ao sair em direção à porta, outra criada o viu e disse aos que lá estavam: "Este homem estava com Jesus, o Nazareno". 72E de novo ele negou com juramento que não conhecia o homem. 73Pouco depois, os que ali estavam chegaram perto dele e disseram: "De fato, tu também és um deles, pois teu sotaque te denuncia". 74Ele então começou a rogar pragas e a jurar que não conhecia o homem. Neste instante o galo cantou. 75Pedro se lembrou do que Jesus lhe dissera: "Antes que o galo cante, me negarás três vezes". E, saindo para fora, Pedro chorou amargamente.

Os quatro evangelistas relatam a negação de Pedro, com algumas divergências. Mateus e Marcos colocam a negação junto com o processo religioso; João, que não fala do processo civil, a faz simultânea ao interrogatório de Anás. Assim, torna-se mais evidente o contraste: enquanto Jesus dá publicamente seu testemunho e declara sua identidade, Pedro nega ser seu discípulo e de conhecê-lo.

Colocando a negação de Pedro logo após o processo de Jesus diante de Caifás, Mateus exalta a heroica fidelidade de Jesus e mostra a covardia de Pedro, que pouco antes estava com Jesus e lhe jurava fidelidade (26,33-40). Frisando o contraste entre a atitude de Jesus e a de Pedro, o evangelista deixa clara a alternativa em que os cristãos, levados aos tribunais, eram postos — confessar a própria fé ou renegá-la —, e exorta os fiéis a escolher a fidelidade. Certamente a comunidade cristã constatava com dor a apostasia de alguns de seus membros na hora da perseguição e se escandalizava. A fraqueza de Pedro e seu arrependimento tornavam mais compreensíveis as defecções, ajudavam a precaver-se contra atitudes de falsa segurança e a deixar a porta aberta para um possível retorno. A negação de Pedro feita em público se opõe ao testemunho do cristão que deve ser público.

*"Uma criada"* (v. 69): Mateus concorda com Marcos quanto às pessoas que interrogam Pedro (Mc 14,66: "uma das criadas"; v. 69: "a criada"; v. 70: "os que ali se encontravam"); Lucas fala de "uma criada" (22,56), "outro" (v. 58) e "outro" (v. 59). E João: "a criada" (18,17), "perguntaram-lhe" (v. 25) e "um empregado", parente de Malco a quem Pedro havia cortado a orelha (v. 26).

*"Não sei o que dizes"* (v. 70): Com as três negações Mateus quer mostrar um crescendo: da simples negação passa-se à negação reforçada com juramento (v. 72), para terminar com imprecação e esconjuro (v. 74). Pedro não segue o ensinamento de Jesus: "Não jureis de maneira alguma..." (5,33-37). Pedro nega ter estado com Jesus, apesar de tê-lo acompanhado desde 4,18-20. Pedro foi repreendido por Jesus porque não sabia o que estava dizendo ao querer corrigir o Mestre (16,21-23), como também não sabia o que significava estar com Jesus no caminho da cruz (16,24-28).

*"Ao sair em direção à porta"* (v. 71): No Quarto Evangelho a segunda negação não acontece logo depois da primeira,

mas depois do interrogatório de Jesus diante de Anás e de sua entrega a Caifás (cf. Jo 18,19-24).

*"Pedro se lembrou"* (v. 75): Ao negar Jesus pela terceira vez o galo cantou e Pedro se lembrou do que Jesus lhe dissera. Segundo Lucas (22,61) foi um olhar de Jesus que provocou a lembrança e a sua conversão. A tríplice negação será reparada pela tríplice profissão de fé e amor para com Jesus ressuscitado (cf. Jo 21,15-17).

# 7

## Jesus entregue a Pilatos e o fim de Judas
(Mt 27,1-10; Mc 15,1; Lc 23,1)

₁Chegada a manhã, todos os sumos sacerdotes e os anciãos do povo reuniram-se em conselho contra Jesus para o condenar à morte. ₂Depois o levaram amarrado e o entregaram ao governador Pilatos.

₃Quando Judas, que o traíra, viu que o haviam condenado, ficou com remorsos, foi devolver as trinta moedas de prata aos sumos sacerdotes e anciãos, ₄e disse: "Pequei, traindo sangue inocente". Eles lhe disseram: "O que importa isso? O problema é teu!" ₅Ele atirou as moedas de prata no Santuário, saiu e foi enforcar-se. ₆Os sumos sacerdotes ajuntaram as moedas de prata e disseram: "Não é permitido lançá-las no cofre das esmolas, pois são preço de sangue". ₇E em conselho resolveram comprar com elas o campo do Oleiro, para servir de cemitério dos estrangeiros. ₈Por isso, aquele campo é chamado, até o dia de hoje, Campo do Sangue. ₉Assim cumpriu-se o que tinha sido dito pelo profeta Jeremias: *E tomaram as trinta moedas de prata, o preço em que foi avaliado aquele que os israelitas puseram a preço,* ₁₀*e as deram pelo campo do Oleiro, como o Senhor me tinha ordenado.*

Com a cena inicial (v. 1-2) conclui-se o processo de Jesus diante do Sinédrio (26,58-68), interrompido pela negação de Pedro (26,69-75). Mt 27,1-2 segue Mc 15,1 ao falar de uma segunda sessão legal judaica. Mas em Mt 26,66 ficou clara a decisão que Jesus era réu de morte. Não se diz, porém, explicitamente que foi condenado, como em Mc 14,64. Daí a necessidade de incluir esta segunda reunião matinal na qual Jesus é oficialmente condenado, para então ser amarrado, levado e entregue ao governador Pilatos. Sua residência era Cesareia Marítima, mas durante a Páscoa costumava estar em Jerusalém para prevenir possíveis rebeliões da multidão. Com este gesto as autoridades judaicas reconhecem sua subordinação ao governador romano, a quem cabia o direito de condenar e executar um prisioneiro. Agem de acordo com o que Jesus havia predito a seu respeito (20,19) e previa para seus discípulos (10,17).

Este texto não tem paralelo nos outros evangelhos, mas é citado com algumas variantes por At 1,18-19, no contexto da eleição de Matias. As versões de Mateus e Lucas têm alguns pontos em comum: Judas morreu de morte violenta e está ligado com o "Campo de Sangue". Mateus conta que Judas se suicidou e que o "Campo de Sangue" foi assim chamado porque os sacerdotes o compraram de um oleiro com o dinheiro devolvido por Judas. At 1,18-19 diz que o próprio Judas comprou o terreno, que foi chamado "Campo de Sangue" porque o traidor morreu ali de morte violenta (talvez acidentalmente). As duas versões baseiam-se em tradições essencialmente populares, utilizadas para valorizar a aplicação de profecias do Antigo Testamento. Os dois relatos foram influenciados pelo gênero literário "a morte do perseguidor", em uso na literatura bíblica (cf. 2Mc 9,7-12; At 12,23), mas também na profana, tanto judaica como helenística. A morte de Judas foi descrita em At 1,18-19 como a morte do ímpio em Sb 4,19: "Em breve se tornarão cadáver sem honra, objeto de opróbrio para sempre entre os mortos. O Senhor os precipitará mudos de cabeça para baixo e os arrancará de seus fundamentos. Serão completamente destruídos, mergulhados na dor, e sua memória perecerá". A descrição de Mateus lembra o suicídio de Aquitofel, conselheiro de Davi, que o traiu para apoiar seu filho Absalão na revolta; quando viu a causa de Absalão perdida, enforcou-se (2Sm 17,23).

*"Ficou com remorsos"* (v. 3), literalmente, "mudou de ideia"; ao ver que Jesus fora condenado pelo Sinédrio, Judas percebe que a morte de Jesus é inevitável, já que ambos, o Sinédrio e Pilatos, tinham interesse em eliminar Jesus.

*"Pequei, traindo sangue inocente"* (v. 4): Aos olhos da comunidade primitiva, a confissão de Judas é um reconhecimento da inocência de Jesus, que é uma ofensa grave: "Maldito quem aceitar suborno para assassinar um inocente" (Dt 27,25; cf. 2Rs 21,16; Jr 7,5-7). A resposta da elite, "o problema é teu", mostra uma indiferença que contrasta com o remorso de Judas.

*"Foi enforcar-se"* (v. 5): Em At 1,18-19 se diz: "Com o salário de seu crime adquiriu um campo. Depois, precipitando-se, arrebentou-se ao meio e todas as vísceras se derramaram".

*"Dito pelo profeta Jeremias"* (v. 9): Na realidade, a exemplo do gênero midráxico[10], a citação mistura textos de Jr 18,2 (oleiro); 36,6-9 (compra de um campo) e Zc 11,12-13 (trinta moedas).

---

[10]. O gênero literário midráxico é um método de interpretação da Escritura, de caráter homilético. Pode assumir a forma de comentário de um texto sagrado, em uso na sinagoga, que usa dados legendários e até fantásticos e visa à exortação dos ouvintes.

# 8

# O "processo" de Jesus diante de Pilatos
## (Mt 27,11-31; Mc 15,2-15; Lc 23,2-25; Jo 18,39–19,15)

11Jesus foi apresentado ao governador. E o governador lhe perguntou: "És tu o rei dos judeus?" Jesus respondeu: "Tu o dizes". 12Mas nada respondia às acusações feitas pelos sumos sacerdotes e pelos anciãos. 13Disse-lhe então Pilatos: "Não ouves quanta coisa dizem contra ti?" 14Ele, porém, não respondeu mais nada, de sorte que o governador ficou muito admirado.

15Por ocasião da Festa da Páscoa o governador costumava libertar um preso, a pedido do povo. 16Havia então um preso famoso, chamado Barrabás. 17Estando, pois, reunidos, Pilatos disse-lhes: "Quem quereis que vos solte: "Barrabás ou Jesus, chamado Cristo?" 18Pois bem sabia que o haviam entregue por inveja.

19Enquanto Pilatos estava sentado no tribunal, sua mulher mandou dizer-lhe: "Não te comprometas com este justo, pois sofri muito hoje em sonhos por causa dele".

20Mas os sumos sacerdotes e os anciãos convenceram a multidão que pedisse Barrabás e fizesse morrer Jesus. 21Retomando a palavra, o governador perguntou: "Qual dos dois quereis que vos solte?" Eles responderam: "Barrabás!" 22Pilatos disse: "Mas, o que farei com Jesus, chamado Cristo?" Todos disseram: "Seja crucificado!" 23O governador insistiu: "Que mal fez ele?" Eles, porém, gritavam mais ainda: "Seja crucificado!" 24Ao ver que nada conseguia, e o tumulto crescia cada vez mais, Pilatos mandou trazer água, lavou as mãos e disse: "Sou inocente do sangue deste justo; o problema é vosso". 25E todo o povo respondeu: "O sangue dele caia sobre nós e sobre nossos filhos". 26Então soltou-lhes Barrabás. Quanto a Jesus, depois de tê-lo mandado açoitar, entregou-o para ser crucificado.

27Os soldados do governador conduziram Jesus para o pátio do palácio e reuniram em volta dele todo o batalhão. 28Tiraram-lhe as vestes e jogaram-lhe em cima um manto de púrpura. 29Depois, colocaram-lhe na cabeça uma coroa de espinhos e na mão direita uma vara. Zombando, dobravam o joelho diante dele e diziam: "Salve, rei dos judeus". 30E, cuspindo em cima dele, tiravam-lhe a vara e com ela feriam-lhe a cabeça. 31Depois de caçoarem dele, arrancaram-lhe o manto, vestiram-no com as suas vestes e o levaram para crucificar.

Após o processo religioso, segue-se agora o processo civil diante de Pilatos, a autoridade romana legalmente responsável pela morte e crucifixão de Jesus. As autoridades religiosas judaicas levam a acusação do terreno religioso para o político e conseguem dobrar o procurador romano. Pilatos, embora relutante, decreta a sentença de morte contra Jesus. Os quatro evangelistas relatam a condenação. Lucas menciona o comparecimento de Jesus diante de Herodes Antipas, enquanto João encurta o processo religioso e amplia o civil. Mateus segue mais de perto o relato de Marcos, mas com pormenores próprios, como a mensagem da mulher de Pilatos (v. 19), o lavar das mãos do Procurador (v. 24) e o povo assumindo a responsabilidade pela morte de Jesus (v. 25).

Mateus, a exemplo de Marcos (14,53-65), apresenta o processo religioso na casa de Caifás (26,57-68) como o processo real, e o processo diante de Pilatos (27,11-26; Mc 15,1-15) como processo confirmatório. Se Jesus fosse condenado apenas por blasfêmia (Mt 26,65-66), a punição seria a morte por apedrejamento (cf. Lv 24,16) e não a crucifixão, pena capital aplicada pelos romanos. Escrevendo após a revolta judaica, que culminou com a destruição de Jerusalém no ano 70, Mateus tende a frisar a participação e corresponsabilidade dos líderes religiosos judaicos na morte de Jesus. Vê também uma relação entre os sumos sacerdotes e anciãos do tempo de Jesus, que manipulam a multidão, e os judeus rivais do movimento cristão do final do I século. Mateus deixa mais evidente do que Marcos a decisão dos líderes e da multidão contra Jesus[11].

O processo se desenvolve em três momentos: o interrogatório (v. 11-14) e tentativa frustrada de anistia (v. 15-26a), culminando com a flagelação, condenação e cena de ultrajes (v. 26b-31). É evidente a semelhança com o processo religioso, onde também temos o comparecimento diante do Sinédrio, o interrogatório e a cena de insultos. No interrogatório (v. 11-14), Pilatos pergunta se Jesus é rei e a respeito das acusações genéricas dos judeus (v. 11-12), diante das quais Jesus permanece em silêncio (v. 12-14).

*"O governador lhe perguntou"* (v. 11): Antes da pergunta de Pilatos, Lucas lembra a acusação do Sinédrio contra Jesus como um subversor da ordem pública, que pretende ser Messias rei (23,2).

*"És tu o rei dos judeus?"* Tal pergunta na boca de Pilatos aparece como uma ironia contra o orgulho dos acusadores. – *"Tu o dizes"* é uma resposta semiafirmativa, usada outras vezes no relato da paixão (26,25.64). É afirmativa, mas não no sentido da pergunta feita. Diante de Caifás, Jesus explica sua qualidade de "Cristo, Filho de Deus" com a visão do Filho do

---

11. HARRINGTON, Daniel J. *The Gospel of Matthew*, p. 390.

homem de Daniel (26,64); para Pilatos Jesus responde que é rei, mas "meu reino não é deste mundo" (Jo 18,36).

*"Nada respondia"* (v. 12): Jesus age como o Servo de Deus, do qual se diz: "Não gritará, não levantará a voz e não fará ouvir sua voz pelas ruas" (Is 42,2; cf. Mt 12,19); "Como cordeiro conduzido ao matadouro e como ovelha muda diante dos tosquiadores não abria a boca" (Is 53,7).

*"O governador ficou muito admirado"* (v. 14): Mateus parece sugerir ao leitor o texto de Is 52,15: "muitos povos se admiram, diante dele os reis ficam mudos".

## 8.1 Jesus ou Barrabás? (Mt 27,15-26)

O confronto entre Jesus e Barrabás é referido pelos quatro evangelistas, com as variantes de Mateus: o recado da mulher de Pilatos (v. 19) e Pilatos que lava as mãos (v. 24-25). Não há evidência histórica sobre a prática de libertar prisioneiros por ocasião da Páscoa. Mas Josefo lembra que Albino, governador da Judeia em 62-63 dC, libertou muitos bandidos (Ant 20.215). O procurador e a multidão são os personagens que devem decidir quem deve ser solto: Barrabás ou Jesus (v. 15-17). Do lado de Pilatos é sua mulher que o pressiona em favor de Jesus, porque, em sonho, o reconhece como justo (v. 19). Do outro lado, são os sumos sacerdotes e anciãos que pressionam a multidão para conseguir a libertação de Barrabás e a condenação de Jesus[12].

*"Um preso famoso, chamado Barrabás"* (v. 16): Em Mc 15,7 Barrabás é qualificado como um revolucionário homicida e Jo 18,40 o descreve como um bandido ou terrorista vio-

---

12. VANHOYE, A. e colab. *La passione secondo i quattro vangeli*, p. 32-33.

lento. Mateus omite o pormenor, talvez para que Pilatos não classifique Jesus na mesma categoria de Barrabás. Alguns manuscritos acrescentam Jesus ao nome de Barrabás, "Jesus Barrabás", variante que parece provir de tradição apócrifa[13]. Neste caso, a escolha que Pilatos propõe seria entre um Jesus, herói popular e revolucionário e Jesus, que se apresenta como um Messias pacífico (5,9; 7,38-42; 12,18-21; 26,52), verdadeiramente o filho ou agente de Deus (2,15; 3,17; 11,25-27; 17,5)[14].

*"Quem quereis que vos solte?"* (v. 17): Mateus especifica mais claramente que Marcos a escolha a fazer: Barrabás ou Jesus o Cristo, jogando a decisão sobre os sumos sacerdotes, anciãos e a multidão.

*"Pois sabia que o haviam entregue por inveja"* (v. 18): As autoridades tinham inveja do poder de Jesus sobre as multidões (Mt 21,1-17) ou temiam as reivindicações religiosas de Jesus que poderiam colocar em perigo seu poder ligado ao Templo e à religião.

*"Não te comprometas com este justo"* (v. 19): A comunicação divina por meio de sonhos é própria de Mateus (cf. 1,20-23; 2,12-19). O recado da esposa a Pilatos sentado no tribunal do julgamento é uma anotação exclusiva de Mateus. Trata-se provavelmente de uma tradição que circulava em Jerusalém e que mostra a simpatia do evangelista pelos gentio-cristãos. Enquanto a mulher pagã acolhe, em sonho, a indicação divina e declara Jesus justo (inocente), as autoridades judaicas se esforçam em convencer a multidão para pedir a libertação de Barrabás e a condenação de Jesus (v. 20). Assim

---

13. *Bíblia de Jerusalém*, p. 1.754.

14. CARTER, Warren. *O Evangelho de Mateus*, p. 648; *Bíblia do Peregrino*, p. 2.386.

escolhem o messianismo nacionalista de Barrabás e rejeitam o messianismo espiritual de Jesus (v. 21).

*"Seja crucificado"* (v. 22): O pedido é feito por *todos*, isto é, a multidão pede o suplício da cruz, que os romanos reservavam aos escravos e aos acusados de crime contra o Estado.

*"Pilatos... lavou as mãos"* (v. 24): Gregos e romanos conhecem gesto semelhante, após um homicídio, que é um rito para "limpar" a participação em atos malvados e afastar a vingança divina. Mas Pilatos segue aqui um costume judaico, atestado na Bíblia. Lavar as mãos por ocasião da morte violenta de uma pessoa é uma afirmação de inocência (cf. Dt 21,6-9; Sl 26,6-10; Is 1,15-16), e um gesto para desviar o "castigo do sangue" sobre outros (cf. 2Sm 1,16; At 18,6). Mas com este gesto Pilatos não consegue livrar-se de sua responsabilidade legal como governador romano.

*"Seu sangue caia sobre nós e nossos filhos"* (v. 25): A frase é uma fórmula bíblica pela qual se aceita a responsabilidade pela morte de Jesus, da qual Pilatos, ao lavar as mãos, tenta se eximir (Lv 20,9-16; Js 2,19-20; 2Sm 1,16; 14,9; Jr 51,35). A frase "nós e nosso filhos" limita a responsabilidade sobre uma geração, a da destruição do Templo no ano 70 dC e dos oponentes de Mateus[15]. A interpretação do v. 25 na história do cristianismo tem servido para incentivar o antissemitismo. A expressão "todo o povo" não indica a rejeição de Israel como um todo; não se refere a todos os judeus, para sempre. "Também não se refere a todos os judeus de Jerusalém, Judeia, Galileia ou diáspora do primeiro século, ou a uma geração inteira"... O evangelho jamais propõe a rejeição permanente de

---

15. HARRINGTON, Daniel J. *The Gospel of Matthew*, p. 390.

todo o povo judeu"[16]. Refere-se a um subgrupo, à multidão em Jerusalém, controlada pela elite religiosa que prendeu Jesus (26,47) e exigiu sua morte (27,15.22). É este grupo que assume a responsabilidade. "Nossos filhos" inclui a próxima geração (Ex 17,3), que pode ser objeto do favor de Deus e de sua ira (Ex 34,7; cf. Mt 7,11; 10,21; 18,25; 19,29; 22,24). Na tradição bíblica a ira de Deus tem vida curta, mas sua misericórdia dura para sempre (Ex 20,5-6; Sl 30,6; 10,5). Mesmo no sofrimento da destruição de Jerusalém, o povo clama confiante: "Devido à misericórdia do Senhor não fomos consumidos, porque sua compaixão jamais se esgota; antes, renova-se cada manhã: grande é sua fidelidade" (Lm 3,22-23).

"*Depois de tê-lo mandado açoitar, entregou-o para ser crucificado*" (v. 26): O açoitamento, que Jesus prevê para si (20,19) e seus discípulos (10,17), lembra as "chicotadas" recebidas pelo servo sofredor (Is 53,5). Antecedia normalmente à crucifixão, mas podia ser aplicada como castigo independente (Mt 10,17; At 5,40; 22,19; 2Cor 11,24-25). Pilatos *entregou* Jesus, como o próprio Jesus havia predito (17,22; 20,18; 26,2). A entrega, termo técnico usado na paixão (17,22; 20,18; 26,2.21; 27,2), lembra a entrega do Servo de Javé, que "entregou sua vida à morte" e "carregou o pecado de muitos" (Is 53,12). Aqui lembra a sentença de morte pronunciada por Pilatos e mostra sua responsabilidade.

Em 27,27-30 temos uma cena parecida com a da noite precedente, na casa de Caifás (26,67-68), onde Jesus foi escarnecido pelos judeus; agora são os pagãos que o insultam. Mateus coloca a cena após a flagelação e condenação (v. 26), enquanto João a põe entre a flagelação e a condenação. Lucas,

---

16. CARTER, Warren. *O Evangelho de Mateus*, p. 651-652.

que não gosta de repetições, simplesmente a omite, mas lembra algo parecido na cena que lhe é exclusiva, quando Jesus comparece diante de Herodes Antipas. O escárnio dos soldados utiliza os símbolos convencionais de realeza. Os ouvintes do relato da paixão sabem que "toda a autoridade foi dada" ao Filho do homem (28,18), que, no fim dos tempos, estará sentado no seu "trono glorioso", condenará o império dos soldados romanos e estenderá seu reino sobre toda a terra (25,31.34). O "batalhão" (v. 27), literalmente, a "coorte", seriam 600 soldados, ou a décima parte de uma legião, evidentemente um número exagerado, mesmo assim pequeno diante das "doze legiões de anjos" que o Pai poderia enviar em socorro de Jesus, se ele o pedisse (26,53). O "manto de púrpura", provavelmente, o manto de um soldado romano, substitui a capa de púrpura usada por Herodes e pelos imperadores. A túnica e a coroa, bem como a vara ou cetro, são sinais de poder. A saudação "salve, rei dos judeus" (v. 29) imita a saudação que se fazia ao imperador, "Ave, César!" O ato de ajoelhar-se diante de reis e do imperador era uma forma de adorar ou prestar homenagem (4,9), como o farão as mulheres diante de Jesus ressuscitado (28,9). Diante de toda essa violência Jesus não reage, permanece silencioso e é levado para a crucifixão.

# 9

## Jesus é crucificado
(Mt 27,32-44; Mc 15,21-32; Lc 23,26-43; Jo 19,17-27)

32Ao saírem, encontraram um homem de Cirene, de nome Simão, que requisitaram para levar a cruz. 33Chegando ao lugar chamado Gólgota, que quer dizer "lugar da Caveira", 34deram-lhe para beber vinho misturado com fel; mas tendo provado, não quis beber. 35Assim que o crucificaram, repartiram entre si as suas vestes, tirando a sorte; 36e ficaram ali sentados, montando guarda. 37Sobre a cabeça de Jesus puseram escrito o motivo da condenação: *Este é Jesus, o rei dos judeus.*

38Com ele foram crucificados dois bandidos, um à direita e outro à esquerda. 39Os que passavam o injuriavam e, balançando a cabeça, 40diziam: "Tu que destróis o Santuário e o reconstróis em três dias, salva-te a ti mesmo!" 41Do mesmo modo, os sumos sacerdotes, com os escribas e anciãos, zombavam e diziam: 42"Ele salvou os outros, e a si mesmo não pode salvar. É o rei de Israel!... Desça agora da cruz e acreditaremos nele! 43*Pôs sua confiança em Deus, que Deus o livre agora, se é que o ama*, pois ele disse: Sou Filho de Deus!" 44Do mesmo modo, os bandidos que com ele tinham sido crucificados o insultavam.

A execução da pena capital de Jesus tem dois momentos principais: a crucifixão (v. 32-38) e a cena dos insultos da parte dos judeus (v. 39-44). As zombarias, antes sofridas da parte dos soldados (27,27-31), já preparavam a crucifixão. Mateus é rápido (como Marcos) ao falar do caminho do Calvário, mas insiste nos insultos ao crucificado. Lucas acrescenta o encontro de Jesus com as mulheres que o seguiam e o diálogo entre os ladrões e de um deles com Jesus (Lc 23,27-31.39-43), enquanto João introduz as palavras de Jesus à sua mãe e ao discípulo amado (Jo 19,26-27). Na cena da crucifixão, Mateus segue basicamente o relato de Marcos. Acrescenta, porém, dois temas importantes: a confissão irônica de Jesus como rei dos judeus e o cumprimento das Escrituras.

A crucifixão é uma pena bastante comum na Antiguidade. Os romanos a aplicavam sobre as classes mais baixas, como escravos, criminosos violentos e rebeldes políticos. A execução pública do réu na cruz visava desencorajar possíveis rebeliões. Para os judeus a morte na cruz incluía uma maldição: "o que foi suspenso é maldição de Deus" (Dt 21,23).

*"Ao saírem, encontraram um homem de Cirene"* (v. 32): A saída era da residência do governador, provavelmente a fortaleza Antônia junto à esplanada do Templo, lugar estratégico para impedir possíveis rebeliões durante a Páscoa. Cirene, na costa norte da África, era uma florescente colônia judaica desde o séc. IV aC. Por isso a presença em Jerusalém até de uma sinagoga própria para cireneus e alexandrinos (At 6,9). Marcos especifica que Simão era "o pai de Alexandre e de Rufo" e que "vinha do campo" (Mc 15,21). A cruz que Simão foi forçado a carregar, provavelmente, era a haste transversal (*patibulum*) que, segundo o costume romano, o próprio condenado devia carregar até o local do suplício. Os soldados forçaram Simão a ajudar a Jesus porque estava muito fraco, devido aos maus-tratos anteriormente sofridos: "Se alguém te obrigar a carregar-lhe a mochila por um quilômetro, leva-a por dois" (Mt 5,41).

A crucifixão segue o relato dos outros três evangelistas (v. 33-38). Todos falam do nome Calvário (v. 33), da divisão das vestes (v. 35), da inscrição sobre a cabeça de Jesus com a sentença de condenação (v. 37) e da crucifixão dos dois ladrões. Mateus segue Marcos, mas difere de Lucas e João, os quais têm uma sequência diferente e particularidades próprias, como o perdão de Jesus aos crucificados (Lc 23,34), o protesto dos judeus contra Pilatos a respeito da inscrição (Jo 19,20-22) e o sorteio da túnica entre os soldados (Jo 19,24).

"*Gólgota*" (v. 33) ou "Lugar da Caveira" era assim chamado por causa do lugar utilizado para execuções ou, talvez, pelo formato da colina pedregosa; devia ficar do lado de fora das muralhas (cf. Jo 19,20; Hb 13,12; Mt 21,39). Hoje, o local do Calvário, indicado pela tradição cristã, está incluído na basílica constantiniana do Santo Sepulcro, construída no séc. IV dentro das muralhas ampliadas por Herodes Agripa (41 a 44 dC).

"*Vinho misturado com fel*" (v. 34). Marcos diz "vinho misturado com mirra" (15,23: *morá* em aramaico), que era oferecido como narcótico para aliviar as dores. Mateus deve ter mudado para "fel" (*morará*) propositalmente, para combinar com o Sl 69,22, onde se fala de fel, dado para justos e perseguidos: "Puseram fel em meu alimento, em minha sede deram-me a beber vinagre". Era costume oferecer aos condenados uma bebida a fim de aliviar os sofrimentos (cf. Pr 31,6: "que se dê licor ao que vai morrer e vinho aos amargurados"). Jesus rejeita a bebida entorpecente, talvez, porque quis beber até o fundo o cálice do sofrimento, sem anestesiar as dores (Mt 20,22: "Podeis beber o cálice que eu vou beber"?

"*Assim que o crucificaram*" (v. 35): Como na flagelação (v. 26), Mateus apenas menciona a crucifixão de forma lacônica, com os outros evangelistas, talvez para esconder o horror que o terrível suplício causava nos cristãos de seu tempo. Os evangelistas não descrevem o modo como o condenado era crucificado, sugerido pelas palavras do incrédulo Tomé: "Se eu não vir nas mãos os sinais dos cravos..." (Jo 20,25). *"Repartiram entre si as suas vestes"*: Tirar as vestes e deixar nu fazia parte da humilhação do condenado. Era costume os executores apropriarem-se das vestes do condenado. Os cristãos viram nesta prática o cumprimento do Sl 22,19: "Repartem entre si minhas vestes e sobre minha túnica lançam a sorte". João lembra que os soldados lançaram sorte sobre a túnica, tecida numa única peça, para não rasgá-la, e cita expressamente este salmo (Jo 19,24).

*"E ficaram ali sentados, montando guarda"* (v. 36): Só Mateus tem esta observação, que faz parte de seu tema da presença de guardas desde o momento da crucifixão até o sepultamento de Jesus (Mt 27,36.39-44.47.64.55-56.61.62-66). Por isso, não podia ser verdadeiro o boato, espalhado pelos sumos sacerdotes e anciãos, que os discípulos teriam roubado o corpo de Jesus (28,11-15)[17].

*"Puseram escrito o motivo de sua condenação"* (v. 37): Embora com variantes, todos os evangelistas lembram a inscrição contendo a acusação oficial que levou Jesus à condenação, isto é, sua pretensão de ser o "rei" de Israel. Segundo Jo 19,20, a sentença estava escrita em aramaico, latim e grego. Ela indica a percepção dos romanos, que viam em Jesus um rebelde potencial, e para tais pessoas o "trono" era a cruz. Na percepção dos cristãos, a acusação era correta, mas lhe davam outro sentido: a realeza reservada para Jesus se estenderia para o céu e a terra e marcaria o fim do Império Romano: "Toda a autoridade me foi dada no céu e na terra" (28,18).

---

17. HARRINGTON, Daniel J. *The Gospel of Matthew*, p. 395.

*"Foram crucificados dois bandidos"* (v. 38): Provavelmente, não eram simples ladrões, mas guerrilheiros violentos (como Barrabás), cumprindo-se assim o dito profético: "e se deixou contar entre os rebeldes" (Is 53,12). Tiago e João pretendiam estar à direita e à esquerda de Jesus (20,20-23). Garantiam que beberiam o cálice de Jesus (provavelmente, nos banquetes em Jerusalém...), mas fugiram e escaparam de serem crucificados junto com Jesus (26,56).

## 9.1 Jesus sofre zombarias na cruz (Mt 27,39-44)

A cena é descrita apenas pelos evangelhos sinóticos, de modo especial por Mateus e Marcos. As zombarias completam a cena anterior na casa de Caifás (26,57-66), relembrando os motivos principais: a presença dos membros do Sinédrio, sumos sacerdotes, escribas e anciãos (cf. 26,27), a acusação das falsas testemunhas a respeito do Templo (cf. 26,61), a declaração, considerada blasfema, do réu de ser o Cristo (rei de Israel) e Filho de Deus (cf. 26,63). As zombarias desmentem as pretensões de Jesus – agora crucificado – à dignidade de ser o rei dos judeus (v. 37), o Filho de Deus (v. 40) e o salvador dos homens (v. 42). Nesta perícope, como em outras, Mateus preocupa-se com os questionamentos e objeções de seu ambiente, como, por exemplo: Como um crucificado pode ser nosso rei? (objeção judaica ou farisaica). Como pode ele ser o Filho de Deus? (objeção cristã dos discípulos). Como ele pode nos salvar? (objeção helenística). São objeções relacionadas à recusa ou impossibilidade de crer no Cristo de Mateus[18].

*"Os que passavam injuriam-no"* (v. 39): Correspondem às testemunhas falsas que acusavam Jesus de querer destruir o

---

**18.** BONNARD, Pierre. *L'Évangile selon Saint Matthieu*, p. 401.

Templo e reedificá-lo em três dias (26,60-61). – *"Balançando a cabeça"*: Um sinal de desprezo e de comiseração irônica, que lembra o "justo sofredor" do Sl 22,8: "Todos os que me veem zombam de mim, torcem os lábios e meneiam a cabeça". Aliás, todo o relato é perpassado por referências alusivas ou explícitas ao Sl 22 (v. 34: Sl 69,22; v. 35: Sl 22,19; v. 39: Sl 22,8; 43: Sl 22,9), que, em geral, já estão em Marcos, o que mostra uma longa reflexão comunitária oral anterior. Estas referências contínuas ao Sl 22 não querem sublinhar tanto a maldade humana ou os sofrimentos morais de Jesus, mas antes frisar o abandono a que Jesus é entregue por Deus na morte. Esta impressão, porém, é corrigida pelo cântico de confiança e de vitória com que termina o Sl 22,23-32[19].

*"Tu que destróis o Santuário"* (v. 40): Na perspectiva de Mateus, o Templo foi destruído pelos romanos no ano 70 dC por causa da morte de Jesus, rejeitado pelas autoridades religiosas (cf. 21,41.43). – *"Se és o Filho de Deus"*: Este acréscimo de Mateus visa ligar esta provocação com as tentações no início do ministério: "Se és filho de Deus, manda que estas pedras se transformem em pão" (4,2); "se és filho de Deus, joga-te daqui para baixo" (4,6).

*"Ele salvou os outros"* (v. 42): Os inimigos tinham conhecimento dos sinais, ou atos de poder feitos por Jesus (12,24.38; 16,1; Jo 11,47) e poderiam ter acreditado em seu messianismo (11,5: "os cegos veem, os coxos andam, os leprosos ficam limpos, os surdos ouvem e os mortos ressuscitam"). A promessa de crer é, portanto, vazia. Quando pedem sinais a Jesus, ele apenas anuncia o sinal do profeta Jonas, que ficou três dias e três noites no ventre do peixe, anunciando sua morte e ressur-

---

[19]. BONNARD, Pierre. *L'Évangile selon Saint Matthieu*, p. 402.

reição (12,39-40). – *"É o rei de Israel"*: Diferente do título "rei dos judeus" que tem conotação política, "rei de Israel" tem um valor religioso, equivalente a "Messias" (27,11.17) e lembra a pergunta de Caifás se Jesus é o Cristo, Filho de Deus (26,63).

*"Pôs sua confiança em Deus"* (v. 43): Às zombarias dos sumos sacerdotes e escribas de Mc 15,31-32, Mateus acrescenta o v. 43, que lhe é exclusivo e reproduz o Sl 22,9: "Volta-te para o Senhor! Que ele o liberte, que o livre, já que o ama!" De modo semelhante se diz em Sb 2,17-18: "Vejamos se é verdade o que diz, e comprovemos o que acontece em sua morte. Se o justo é filho de Deus, Deus o defenderá e o libertará da mão de seus adversários". – *"Sou Filho de Deus"*: Foi essa a afirmação que levou Jesus a ser condenado à morte (26,63-64). Para os judeus, a crucifixão e os sofrimentos são incompatíveis com as reivindicações de Jesus, embora na tradição judaica o sofrimento seja o destino dos que lhe são fiéis[20]. É algo totalmente inaceitável para um judeu anunciar um Messias crucificado, como diz Paulo: "Enquanto os judeus pedem sinais, e os gregos procuram sabedoria, nós pregamos Cristo crucificado, escândalo para os judeus, loucura para os gregos, mas poder e sabedoria de Deus para os chamados, tanto judeus como gregos" (1Cor 1,22-24).

*"Do mesmo modo os bandidos... o insultavam"* (v. 44): Lucas acrescenta ainda a zombaria dos soldados (Lc 23,36) e diz que apenas um dos bandidos o insultava (23,39).

---

[20]. CARTER, Warren. *O Evangelho de Mateus*, p. 658.

# 10

## Jesus morre na cruz
(Mt 27,45-56; Mc 15,33-41; Lc 23,44-49)

45Desde o meio-dia até às três da tarde toda a região ficou coberta de escuridão. 46Pelas três da tarde, Jesus gritou com voz forte: *Eli,Eli, lemá sabachthani!* O que quer dizer: *Meu Deus, meu Deus, por que me abandonaste?* 47Alguns dos que ali estavam ouviram isso e diziam: "Ele está chamando Elias". 48E um deles foi correndo tomar uma esponja, embebeu-a de vinagre, colocou-a na ponta de uma vara e deu-lhe de beber. 49Os outros, porém, diziam: "Deixa, vamos ver se Elias vem salvá-lo". 50Mas Jesus deu de novo um forte grito e expirou.

51No mesmo instante a cortina do Santuário rasgou-se de alto a baixo, em duas partes, a terra tremeu e fenderam-se as rochas. 52Os túmulos se abriram e muitos corpos de santos ressuscitaram. 53Eles saíram dos túmulos, depois da ressurreição de Jesus, entraram na Cidade Santa e apareceram a muitos. 54Ao verem o terremoto e tudo quanto acontecera, o oficial romano e os que com ele guardavam Jesus ficaram com muito medo e diziam: "Verdadeiramente, este era Filho de Deus". 55Havia ali, olhando de longe, muitas mulheres que tinham seguido Jesus desde a Galileia, para o servir. 56Entre elas estavam Maria Madalena, Maria, mãe de Tiago e José, e a mãe dos filhos de Zebedeu.

Mateus, como os outros evangelistas, focaliza mais os aspectos teológicos da morte de Jesus do que seu sofrimento físico e psicológico. Mais do que o fato da morte lhe interessa o seu significado para o ser humano e sua história. É o que se vê na interpretação da escuridão e das últimas palavras de Jesus (v. 45-50), na comoção cósmica que segue à sua morte (v. 51-53) e na confissão dos soldados romanos e na presença das mulheres como testemunhas (v. 54-56). Mateus segue de perto Marcos e a descrição inclui os seguintes elementos: sinais precursores da morte de Jesus (v. 45), palavra de Jesus e intervenção do soldado (v. 46-49), o grito do justo "abandonado" e morte (v. 50), ocorrências após a morte de Jesus (v. 51-54), a presença de mulheres (v. 55-56). Lucas acrescenta o arrependimento do bom ladrão (23,39-43) e a "entrega" do espírito do moribundo nas mãos do Pai (23,46). João lembra ainda a "entrega" de sua mãe ao discípulo amado (Jo 19,26-27) e o "cumprimento" de tudo (19,28;30: "tudo está consumado").

*"Desde o meio-dia... toda a região ficou coberta de escuridão"* (v. 45): A escuridão tem um sentido vasto: o caos antes da criação; a escuridão que precedeu a morte dos primogênitos do Egito e a libertação dos hebreus (Ex 10,21-29); o início da pregação de Jesus é apresentado como uma luz que brilha nas trevas (Mt 4,12-17). Mas a escuridão é usada, sobretudo, na linguagem apocalíptica: a escuridão que acompanha o "dia do Senhor", quando Deus punirá Israel pelos pecados cometidos (Am 8,9; cf. Sf 1,15; Jl 2,2); a escuridão que precederá a volta do Filho do Homem no fim dos tempos (Mt 24,29). A escuridão, o véu do Templo que se rasga, o terremoto e a ressurreição de mortos são sinais do julgamento divino que acompanham a morte de Jesus, dando início a um novo tempo da história do povo eleito.

*"Meu Deus, meu Deus, por que me abandonaste?"* (v. 46): Jesus cita em voz alta o início do Sl 22,1, que é um grito angustiado do justo sofredor. Cheio de angústia diante da pers-

pectiva da morte, Jesus clamava ao Pai no jardim das Oliveiras: "Afasta de mim este cálice, contudo não se faça como eu quero, mas como tu queres" (26,39). Aqui também não se trata de um desespero, mas, no espírito da oração do salmista, é uma entrega confiante nas mãos do Pai, como se vê no final do Sl 22,22-31.

*"Ele está chamando Elias"* (v. 47): *Eli* significa "meu Deus", mas pode sugerir o nome de Elias. Pode ser parte de uma zombaria intencional. Segundo 2Rs 2,9-12, Elias não morreu, mas foi arrebatado ao céu num carro de fogo. Por isso, esperava-se sua volta antes do fim dos tempos para restaurar as relações no povo de Deus (Ml 3,22-24; Eclo 48,10). Jesus foi comparado a Elias (Mt 11,14). A uma pergunta dos discípulos sobre a afirmação dos escribas que Elias devia vir primeiro, Jesus respondeu: "Elias, de fato, deve voltar e restabelecer tudo. Mas eu vos digo que Elias já veio e não o reconheceram. Ao contrário, fizeram com ele o que quiseram. Do mesmo modo o Filho do homem vai sofrer nas mãos deles" (Mt 17,10-12). Os discípulos entenderam que Jesus falava da missão e do destino de Elias, destino violento que também seria o dele mesmo.

*"Foi correndo tomar uma esponja, embebeu-a de vinagre"* (v. 48): Vinagre era, na realidade, um vinho de qualidade inferior, usado pelos pobres; poderia ser a *posca*, isto é, vinagre misturado com água, que os soldados romanos usavam para matar a sede. Provavelmente, o gesto é uma resposta a um pedido de Jesus: "Tenho sede" (Jo 19,28). Mateus aqui está mais interessado no cumprimento das Escrituras. Trata-se de uma referência ao Sl 69,22: "Em minha sede deram-me a beber vinagre".

*"Vamos ver se Elias vem salvá-lo"* (v. 49): Em Mc 15,36 temos "tirá-lo da cruz" em vez de "salvá-lo", verbo que ocorre

várias vezes no Sl 22 (v. 6.9.22), importante para a missão de Jesus: "É ele que salvará o povo de seus pecados" (Mt 1,21), missão que é ridicularizada pelos inimigos (27,40-43). Uma glosa explicita a missão salvadora de Jesus "Pois o Filho do homem veio para salvar o que estava perdido" (Mt 18,11; cf. Lc 19,10). Jesus define o que significa salvar a vida: "Quem quiser salvar a sua vida, vai perdê-la; mas quem perder a sua vida por amor de mim, há de encontrá-la" (Mt 16,25). Na tradição judaica do tempo de Jesus, Elias era o profeta que tinha por missão assistir aos moribundos[21].

*"Deu de novo um forte grito e expirou"* (v. 50): Em relação a Marcos, Mateus acrescenta "de novo", sugerindo que mais uma vez Jesus estava rezando o Sl 22, onde aparece várias vezes o clamor ou grito (v. 3.6.25), expressão da oração do justo sofredor. – *"Expirou"*, literalmente, "entregou o espírito", isto é, seu sopro de vida e não o Espírito Santo: "Se retiras o teu espírito, perecem e voltam ao seu pó. Envias teu espírito, eles são criados" (Sl 104,29-30). Jesus entrega ao Pai o dom de sua vida.

## 10.1 Sinais milagrosos marcam a morte de Jesus (Mt 27,51-56)

Quatro sinais milagrosos seguem imediatamente à morte de Jesus, como que indicando uma reação de Deus, que não abandona seu Filho. A criação representada pela estrela indicara seu nascimento (Mt 2,1-12). Agora, o sol e a terra atestam sua morte e antecipam sua vida nova. Tradições marcam a descrição da morte de personagens importantes: Ações cósmicas incomuns acompanham a morte e deificação de Rômu-

---

21. BURNIER, Martinho Penido. *Perscrutando as Escrituras*, 1971, p. 18.

lo, fundador de Roma (Cícero). Ovídio e Virgílio anotam sinais terrestres e celestiais na morte de César; Dio Cássio fala de sinais parecidos, antecipando a morte de Augusto e por ocasião da morte de Cláudio.

A tradição judaica tem também descrições semelhantes que acompanham a morte de rabinos importantes, mencionadas no Talmud da Palestina (Aboda Zara, 3,42c,1): "Quando morreu o Rabi Aka, as estrelas tornaram-se visíveis em pleno meio-dia... Quando morreu o Rabi Hanina, o mar de Tiberíades fendeu-se todo... Quando morreu Rabi Ishaq, setenta limiares de casas se romperam na Galileia..."[22] Mas os sinais que acompanham a morte de Jesus pertencem ao tempo da tribulação (24,3-26) e antecipam seu retorno glorioso (24,27-31)[23]. Mateus interpreta a "morte de Jesus como acontecimento que assinala o fim do velho mundo e a aurora do novo. As referências agora evocam os textos bíblicos que prometiam a intervenção última de Deus"[24].

"*A cortina do Santuário*" (v. 51): O rompimento da cortina é mencionado também por Marcos. A cortina era um véu que dividia a parte interna do Santuário (Ex 26,31), separando o "Santo dos Santos" – a parte mais santa, onde residia a "Presença divina" (*Shekinah*) – do resto do Santuário. Alguns veem neste sinal um prenúncio da destruição do Templo no ano 70 dC. Outros interpretam como o fim do culto do Antigo Testamento ou até da antiga aliança. No "Santo dos Santos" somente o sumo sacerdote podia entrar no dia solene da "Expiação". Com a morte de Jesus é removido o obstáculo que

---

[22]. BURNIER, Martinho Penido. *Perscrutando as Escrituras*, p. 20-21.

[23]. CARTER, Warren. *O Evangelho de Mateus*, p. 660-661.

[24]. BARBAGLIO, Giuseppe e colab. *Os evangelhos* (I), p. 406.

o antigo culto punha entre Deus e o homem (cf. Hb 6,19-20). – *"A terra tremeu"*: Os terremotos são indicadores do fim de uma era e do início de uma nova (Zc 14,4-5; Mt 24,7) e do julgamento divino (Is 29,6; Ez 38,19). Flávio Josefo (*Guerra Judaica*, 6) menciona vários fenômenos cósmicos acontecidos por ocasião da destruição de Jerusalém: uma estrela e um cometa passam sobre a cidade, uma luz brilhante na Páscoa, às 3h da madrugada, uma vaca que dá cria a um cordeiro... Aqui, a ordem criada se manifesta na morte de Jesus e será abalada por ocasião do retorno do Filho do homem (Mt 24,27-31). Uma estrela havia indicado aos magos o seu nascimento (2,2) e um terremoto acompanhará sua ressurreição (28,2).

*"Muitos corpos dos santos ressuscitaram"* (v. 52): Mateus é o único que menciona a ressurreição de mortos e seu aparecimento na cidade, por ocasião da morte de Jesus. Mais uma vez utiliza a linguagem apocalíptica, baseando-se em textos proféticos (cf. Ez 37,11-14; Dn 7,18.22; 12,1-3; Zc 14,5), que falam da ressurreição dos "santos" (fiéis, justos) do povo de Israel, nos últimos tempos.

*"Depois da ressurreição de Jesus, entraram na Cidade Santa"* (v. 53): No v. 52 os mortos saíram dos túmulos após a morte de Jesus; aqui se especifica que o fato aconteceu após a ressurreição de Jesus. Os mortos ressuscitados aparecem na Cidade Santa, Jerusalém (4,5), que rejeitou a Jesus, mas lembra a futura Jerusalém celeste (Ap 21,1-4). A morte e ressurreição de Jesus é a garantia da ressurreição dos mortos (cf. 1Cor 15). João também alude aos mortos que sairão dos túmulos: "Vem a hora em que todos os que estão mortos ouvirão sua voz. Os que praticaram o bem sairão dos túmulos para a ressurreição da vida..." (Jo 5,28-29). – *"Apareceram a muitos"*: Para testemunhar que a sentença contra Jesus foi uma ação errada, mas, ao mesmo tempo, "para mostrar o poder de Deus para a nova

vida"[25]. Mateus com esta cena quer afirmar que o poder da morte foi vencido com a morte de Jesus, como o expressa bem Paulo: "Quando este ser mortal se revestir de imortalidade, então se cumprirá o que foi escrito: 'A morte foi tragada pela vitória. Morte, onde está tua vitória? Morte, onde está teu aguilhão?' (Os 13,14). ... Graças sejam dadas a Deus que nos dá a vitória por nosso Senhor Jesus Cristo" (1Cor 15,54-57).

"*O oficial romano e os que com ele guardavam*" (v. 54): Marcos e Lucas falam apenas do oficial romano. Mateus amplia a confissão, associando os seus soldados. Os mesmos que antes cumpriam ordens imperiais, ao zombarem do condenado e o pregarem na cruz (27,27-37), agora reconhecem o que antes o Pai dizia: "Este é o meu Filho amado..." (3,17; 17,5), movidos pelo poder da presença de Deus, manifestada nos sinais cósmicos (27,51-53). – "*Ficaram com muito medo*": Na Bíblia, o espanto ou "medo" indica a reação humana diante de manifestações divinas, como na transfiguração (17,5-6) ou na aparição de Jesus ressuscitado às mulheres (28,8-9); aqui indica a "conversão", ou a fé. Em Mc 15,39 a confissão do oficial acontece após ver Jesus "morrer assim". – "*Verdadeiramente, este era o Filho de Deus*": Como outras vezes (cf. 8,10; 15,28), a fé dos pagãos contrasta com a incredulidade de Israel. Os soldados podem ter escutado as ironias dos transeuntes (27,40) e dos sumos sacerdotes, escribas e anciãos sobre Jesus como "Filho de Deus" (27,41-43). Agora, na boca dos soldados pagãos estas zombarias transformam-se em proclamação de fé, que concorda com o que Deus fala de seu Filho (2,15; 3,17; 17,5). A confissão dos soldados também antecipa a conversão futura dos pagãos (8,11-12). – "*Verdadeiramente*": Porque o imperador Augusto se atribuía o título filho de

---

25. CARTER, Warren. *O Evangelho de Mateus*, p. 662.

Deus (Júpiter), que lhe confiou o domínio da terra; outros imperadores depois dele também usavam o título. Mas os soldados romanos reconhecem, na morte, que Jesus é o Filho de Deus de verdade. Mas também confirmam a confissão dos discípulos quando Jesus domina a tempestade (14,33)

*"Muitas mulheres que tinham seguido a Jesus"* (v. 55): Mateus confirma a informação de Lucas (23,49; cf. 8,2-3) sobre mulheres discípulas que "seguem" a Jesus, e que, de longe, assistiam a cena da cruz (Mc 15,40). Lucas acrescenta que havia ali também muitos outros conhecidos de Jesus. Elas "serviam a Jesus", não só provendo alimentos e/ou hospitalidade. Como discípulas, elas faziam o que Jesus veio fazer: "O Filho do homem veio não para ser servido, mas para servir e dar sua vida em resgate de muitos" (20,28). – *"De longe"*: Jo 19,25 coloca as mulheres, junto com o discípulo amado, aos pés da cruz. Ao contrário dos discípulos, elas não fugiram (26,56). A frase "de longe" as une com Pedro, que também segue Jesus "de longe" ao pátio em 25,58. Mas enquanto ele nega Jesus e vai embora, as mulheres permanecem fiéis, percorrendo o caminho da cruz (16,24-26).

*"Maria Madalena"* (v. 56): É mencionada pelos quatro evangelistas e junto com a *"outra Maria"* é testemunha da morte de Jesus (27,56), do sepultamento (v. 61) e do túmulo vazio (28,1). A terceira mulher mencionada é a mãe dos "filhos de Zebedeu", que fizera o pedido de um lugar de honra a seus dois filhos, Tiago e João, motivo de protesto dos outros apóstolos (20,20-21). Mas, enquanto seus filhos abandonaram Jesus, ela permaneceu fiel, até à morte na cruz. Alguns perguntam se a "outra Maria" não seria a mãe de Jesus. Mas Mc 15,40 a identifica com a mãe de Tiago e José e, em vez da "mãe dos filhos de Zebedeu", menciona Salomé.

# 11

## O sepultamento de Jesus
## (Mt 27,57-66; Mc 15,42-47; Lc 23,50-56; Jo 19,38-42)

57Chegada a tarde, veio um homem rico de Arimateia, chamado José, que era também discípulo de Jesus. 58Apresentou-se a Pilatos e pediu o corpo de Jesus. Pilatos ordenou que lhe fosse entregue. 59Tomando o corpo, José envolveu-o num lençol limpo 60e o sepultou em seu próprio túmulo, todo novo, que tinha mandado cavar na rocha. Depois de rolar uma grande pedra à entrada do túmulo, retirou-se. 61Estavam ali Maria Madalena e a outra Maria, sentadas em frente ao sepulcro.

62No dia seguinte, isto é, depois da sexta-feira, os sumos sacerdotes e os fariseus foram a Pilatos 63e disseram: "Senhor, lembramo-nos de que aquele impostor disse em vida: 'Depois de três dias ressuscitarei'. 64Manda, pois, guardar o sepulcro até o terceiro dia para não acontecer que os seus discípulos venham roubar o corpo e digam ao povo: 'Ele ressuscitou dos mortos'. E esta última impostura será pior do que a primeira". 65Pilatos lhes disse: "Vós tendes a guarda. Ide e guardai-o como bem entendeis". 66Eles foram e puseram guarda ao sepulcro depois de selarem a pedra.

*"Um homem rico de Arimateia"* (v. 57): Arimateia é, provavelmente, Ramataim, a pátria do profeta Samuel, a 30km de Jerusalém. Só Mateus diz que era "rico", talvez por ter uma sepultura perto de Jerusalém; é possível que seja uma alusão a Is 53,9: "e seu túmulo está com os ricos". Em Mc 15,43 se descreve José como "membro ilustre do tribunal dos judeus,

que também esperava o reino de Deus". Lucas informa que José de Arimateia, embora fizesse parte do tribunal, não concordara com a condenação de Jesus (23,50-51). João diz também que José era um discípulo de Jesus, "embora em segredo", e ao lado dele coloca ainda Nicodemos (Jo 19,38-42). Enquanto os discípulos visíveis abandonaram Jesus (26,56), mulheres e discípulos "secretos" aparecem para prestar-lhe as últimas homenagens.

*"Pediu o corpo de Jesus"* (v. 58): Se não fossem as providências tomadas por José de Arimateia para o sepultamento, o corpo de Jesus teria o destino da fossa comum dos executados[26]. Prover uma sepultura decente para um marginal criminoso e crucificado foi um gesto corajoso e incomum. Os apóstolos não tiveram coragem de fazê-lo por temerem o mesmo destino de Jesus. Por outro lado, a lei previa o sepultamento para o caso de Jesus: "O cadáver não poderá ficar ali durante a noite, mas deverás sepultá-lo no mesmo dia, pois o que foi suspenso é maldição de Deus" (Dt 21,23).

*"Envolveu-o num lençol limpo"* (v. 59): Os Sinóticos falam apenas de "lençol" (identificado mais tarde com o "sudário" de Turim), indicando um sepultamento apressado e provisório. João fala de "faixas de linho e aromas" (Jo 19,40), mas o motivo da pressa também está em João: era o início do sábado (19,42).

*"Túmulo... que tinha cavado na rocha"* (v. 60): Só as pessoas ricas podiam ter tal túmulo, aqui, cedido para Jesus. Os arredores de Jerusalém se tornaram um grande cemitério e há vários túmulos escavados na rocha. – *"Depois de rolar uma*

---

**26.** Sobre o costume dos romanos tratarem criminosos crucificados veja José Antonio Pagola. *Jesus, aproximação histórica*. Petrópolis: Vozes, 2010, p. 509-514.

*grande pedra"*: A pedra visava impedir o roubo do corpo; aqui a cena prepara a ressurreição.

*"Sentadas em frente ao sepulcro* (v. 61): Estar sentado pode indicar atitude de luto (cf. Jó 2,8.13; Sl 137,1), mas não se fala de expressões de luto, como choro, lamento ou bater no peito. Lucas, sem mencionar os nomes, informa que as mulheres eram as mesmas que seguiram Jesus desde a Galileia (8,2-3), e que, depois de observarem o lugar, foram preparar os perfumes aromas e bálsamo e descansaram no sábado. As mulheres são as mesmas que testemunharam a morte de Jesus (Mt 27,55-56) e que, terminado o sábado, voltariam ao túmulo para completar as unções funerárias costumeiras sobre o corpo de Jesus (28,1).

## 11.1 O sepulcro é vigiado (Mt 27,62-66)

Somente Mateus fala de guardas vigiando o túmulo de Jesus. É uma resposta ao boato, espalhado pelos opositores dos cristãos, que circulava em Jerusalém, acusando os discípulos de terem roubado o corpo de Jesus para afirmar que ressuscitou (cf. 28,11-15). A acusação concorda com a afirmação de que o túmulo onde Jesus foi sepultado estava vazio, mas as explicações divergem: "Mateus tem o cuidado de constatar que Jesus estava realmente morto, que o local do sepultamento era conhecido tanto dos amigos como dos adversários, e que havia guardas diante do sepulcro, sob o comando dos sumos sacerdotes e dos fariseus. Assim ele prepara a explicação cristã do sepulcro vazio: Jesus ressuscitou dos mortos"[27].

---

[27]. HARRINGTON, Daniel J. *The Gospel of Matthew*, p. 407.

*"No dia seguinte, isto é, depois da sexta-feira"* (v. 62): Literalmente, "depois da Preparação", isto é, a preparação do sábado, que, segundo o costume judaico, inicia-se na véspera, ao anoitecer, quando começam a brilhar as primeiras estrelas; isto é, terminada a sexta-feira. A presença de fariseus na narrativa da paixão aparece somente aqui, mas eles estavam comprometidos com a morte de Jesus (cf. 12,14; 21,45-46; 22,15; 23,29-36). A narrativa, exclusiva de Mateus (v. 62-66), é fruto de uma tradição tardia. Tem indícios inverossímeis, como a iniciativa da parte dos fariseus de se dirigir a Pilatos em dia de sábado, deixando passar uma noite (de sexta para o sábado) sem vigias junto ao túmulo. No dizer de Benoit, a tradição, embora tardia, "não implica necessariamente que ela tenha sido inventada; mas também não é preciso dar demasiada importância a seus pormenores"[28]. Seu valor é mais teológico do que histórico.

*"Depois de três dias ressuscitarei"* (v. 63): Na boca dos adversários reaparece o tema da ressurreição, predita por Jesus (16,21; 17,9.23; 20,19) e anunciada pelos anjos (28,6).

*"A última impostura será pior do que a primeira"* (v. 64): A fama de Jesus, que incomodava seus adversários, e o entusiasmo que causava entre o povo, chegando a ser proclamado "rei dos judeus", era considerada uma impostura, um engano. Jesus também havia acusado os saduceus como enganadores do povo (22,29) e advertiu os discípulos a respeito dos enganadores do fim dos tempos (24.4.5.11.24).

*"Vós tendes a guarda"* (v. 65): A fala de Pilatos é ambígua. Estaria Pilatos dizendo: "tendes a guarda do Templo?"

---

28. Apud BURNIER. Op. cit., p. 64.

Ou era a guarda de soldados romanos que ele punha à disposição deles? De qualquer forma, os sacerdotes e os fariseus tinham o controle da guarda (28,11-15). Teologicamente, fica claro que nem guardas, nem a pedra selada, puderam impedir a manifestação do poder de Deus sobre a morte, ao ressuscitar Jesus[29].

---

**29.** CARTER, Warren. *O Evangelho de Mateus*, p. 666.

# 12

## Deus ressuscita Jesus
### (Mt 28,1-10; Mc 16,1-8; Lc 24,1-12; Jo 20,1-18)

₁Passado o sábado, ao amanhecer do primeiro dia da semana, Maria Madalena e a outra Maria foram ver o sepulcro. ₂Subitamente houve um grande terremoto, pois um anjo do Senhor desceu do céu, aproximou-se, rolou a pedra do sepulcro e sentou-se nela. ₃O seu aspecto era como o de um relâmpago e sua veste, branca como a neve. ₄Paralisados de medo, os guardas ficaram como mortos. ₅O anjo, dirigindo-se às mulheres, disse: "Não tenhais medo. Sei que procurais Jesus, o crucificado. ₆Ele não está aqui! Ressuscitou conforme tinha dito. Vinde ver o lugar onde estava. ₇Ide logo dizer a seus discípulos que ele ressuscitou dos mortos e que vai à frente de vós para a Galileia. Lá o vereis. Eis o que eu tinha a dizer".

₈Afastando-se logo do túmulo, cheias de temor e grande alegria, correram para dar a notícia aos discípulos. ₉De repente, Jesus saiu ao encontro delas e disse-lhes: "Salve!" Elas se aproximaram, abraçaram-lhe os pés e se prostraram diante dele. ₁₀Disse-lhes então Jesus: "Não tenhais medo! Ide dizer a meus irmãos que se dirijam à Galileia e lá me verão".

A narrativa da paixão é tratada pelos quatro evangelistas com relativamente poucas divergências. Também a ressurreição é tratada pelos quatro evangelhos, mas as divergências são tantas que é difícil reconstruir um relato unitário dos acontecimentos[30]. Em Lucas as aparições se dão apenas em Jerusalém. Em Mateus, Jesus aparece aos discípulos só na Galileia. Em João, Jesus aparece aos apóstolos em Jerusalém (Jo 20,19-29) e na Galileia (Jo 21,1-14). Jesus aparece apenas a Maria Madalena (Jo 20,11-18), ou às mulheres que foram ao sepulcro, como diz Mateus? Só Lucas fala da aparição aos discípulos de Emaús (24,13-32). A descoberta do túmulo vazio, feito pelas mulheres, é comum aos Sinóticos, mas em João é Maria Madalena, sozinha, que descobre o sepulcro vazio. No anúncio evangélico primitivo, conhecido por Paulo, não se fala do túmulo vazio, mas Jesus aparece a Cefas (cf. Lc 24,34) e aos Doze (1Cor 15,3-5). Paulo ainda menciona aparições do Ressuscitado a quinhentas pessoas, a Tiago, a todos os apóstolos e a ele mesmo (1Cor 15,6-8). Portanto, trata-se de aparições que aconteceram ao longo de vários anos, em lugares e circunstâncias diferentes. Por isso, as divergências se devem a interesses e lugares diferentes em que se escreviam os evangelhos.

Nenhum dos quatro evangelhos descreve diretamente o momento da ressurreição de Jesus, sua saída do túmulo; tal descrição aparece só mais tarde, no apócrifo Evangelho de Pedro (12,50–13,57). Não há no Novo Testamento um relato da ressurreição de Jesus[31]: "Existem apenas narrativas sobre o túmulo vazio e as aparições de Jesus. Mesmo assim, na perspectiva cristã a ressurreição de Jesus é a pressuposição não somente destas narrativas, mas de todo o Novo Testamento: *Se Cristo não ressuscitou, a nossa pregação é vazia e a vossa fé também*" (1Cor 15,14).

---

**30.** BARBAGLIO, Giuseppe e colab. *Os evangelhos* (I), p. 411-412.

**31.** HARRINGTON, Daniel J. *The Gospel of Matthew*, p. 411.

Todos os quatro evangelhos afirmam que as mulheres (ou só Maria Madalena, em João) constatam o túmulo vazio. Mas a primeira explicação do túmulo vazio vem de anjos que lhes aparecem: "um anjo" em Mateus, "um jovem" em Marcos, "dois homens" em Lucas e "dois anjos" em João. São eles que encarregam as mulheres de anunciar a ressurreição aos discípulos. Só Mateus embeleza a narrativa com elementos apocalípticos, como o terremoto (v. 2), o aspecto brilhante do anjo (v. 3) e o "pavor" dos guardas (v. 4).

*"Primeiro dia da semana"* (v. 1): No modo de contar judaico, o sábado fechava a semana, terminado o qual se abria a nova semana. Este primeiro dia, graças à ressurreição de Cristo, para os cristãos tornou-se o "Dia do Senhor" (cf. Ap 1,10; At 20,7); daí, *"dies dominica"*, em latim, ou domingo, em português. O que as mulheres foram fazer no túmulo? Em Lucas e Marcos a finalidade é ungir o corpo de Jesus. Mateus não menciona aromas, que em Marcos e Lucas indicam a finalidade da ida ao túmulo, isto é, a unção do corpo de Jesus. Também não aparece a preocupação registrada por Mc 16,3: "Quem removerá para nós a pedra da entrada do túmulo?" Em Mateus, as mulheres "sabem" que não poderão tocar no túmulo, pois está vigiado e a pedra, lacrada. A frase *"foram ver o túmulo"* tem outro significado: "Um resultado de sua vinda é que serão testemunhas de Jesus ressuscitado, como o foram da sua crucifixão e enterro"[32]. Como discípulas, estariam elas aguardando a ressurreição de Jesus? De fato, "ver" indica em Mt 28, várias vezes, encontrar Jesus ressuscitado (v. 6.7.10.17). – *"Outra Maria"*: Ela já é mencionada em 27,61 e seria identificável com "Maria, mãe de Tiago e José" (cf. 27,56).

---

32. CARTER, Warren. *O Evangelho de Mateus*, p. 670.

*"Houve um grande terremoto"* (v. 2): Um terremoto já acompanhou o momento da morte de Jesus, quando se abrem os sepulcros e "muitos corpos de santos" ressuscitam e aparecem em Jerusalém (27,51-53). Mas o que remove a pedra do sepulcro não é o terremoto, e sim *"um anjo do Senhor"*. A ação do anjo de rolar a pedra não é para permitir que Jesus, já ressuscitado, saísse do túmulo, mas para poder ser constatado que o túmulo estava vazio. A linguagem aqui usada "sublinha que a ressurreição é um evento apocalíptico"[33].

*"Seu aspecto era como o de um relâmpago"* (v. 3): Mateus usa a linguagem da apocalíptica judaica para descrever manifestações divinas (cf. Dn 7,9; 10,6). O Cristo transfigurado, porém, apresenta-se mais glorioso, "com o rosto brilhante como o sol" (17,2).

*"Paralisados de medo"* (v. 4): Diante do terremoto e da aparição do anjo os guardas ficam paralisados de medo, incapacitados de guardar o corpo de Jesus; trata-se do terror sagrado, provocado pela manifestação do mundo sobrenatural.

*"O anjo, dirigindo-se às mulheres, disse"* (v. 5-6): A figura do anjo intérprete faz parte da literatura apocalíptica (Ez 40–48 e Zc 1–6). O anjo, que se dirige às mulheres, está sentado sobre a pedra rolada (v. 2) e os guardas ainda continuavam ali, paralisados de medo. Para as mulheres amedrontadas, que "procuravam Jesus", tornava-se mais do que necessária uma explicação sobre o terremoto, a pedra rolada e o túmulo vazio.

*"Ele não está aqui! Ressuscitou como havia dito"* (v. 6): O anjo dá uma interpretação da ausência do corpo de Jesus: O

---

33. HARRINGTON, Daniel J. *The Gospel of Matthew*, p. 409.

túmulo está vazio não porque os discípulos teriam roubado o corpo de Jesus, como temiam os sacerdotes e fariseus (27,62-66), mas porque Jesus ressuscitou como "havia dito" (16,21; 17,22-23; 20,17-19). A elite religiosa inventará outra interpretação: o corpo foi roubado enquanto os soldados dormiam (28,11-15). A terceira possibilidade para explicar o túmulo vazio seria que Jesus não teria morrido, mas, embora gravemente ferido, conseguiu sair da sepultura. Esta versão, porém, é descartada porque Jesus foi sepultado, seu túmulo era vigiado e havia testemunhas do fato (27,56-61; 28,1). – *"Vinde ver o lugar onde estava"*: O anjo convida as mulheres a verificarem o que ele anunciava: Jesus, que foi crucificado e morreu, ressuscitou. Não está mais sob o domínio da morte, agora definitivamente derrotada: "O sepulcro de Jesus, sinal concreto da morte imperante, é investido do poder aniquilador e vivificador de Deus, que, no dia da sua intervenção definitiva prometida pelos profetas, revela-se Senhor do mundo e ressuscitador dos mortos. Ele veio escancarar o túmulo de Cristo, selado pelos homens" (27,62)[34].

*"Ide logo dizer aos discípulos"* (v. 7): Uma mulher havia ungido Jesus para o sepultamento (26,6-13). Mulheres acompanham Jesus até o calvário e observam onde seu corpo é depositado (27,55-61), enquanto os discípulos fogem (26,56) e Pedro nega Jesus (26,69-75). Agora, são as mulheres, as primeiras "evangelizadoras", que recebem e devem comunicar o anúncio da ressurreição.

*"Ide dizer a seus discípulos"* (v. 7): Surpreendentemente, Mateus omite o nome de Pedro como tem Mc 16,7: "a seus discípulos e a Pedro". Mateus, porém, acrescenta a proclama-

---

34. BARBAGLIO, Giuseppe e colab. *Os evangelhos* (I), p. 414.

ção *"ele ressuscitou dos mortos". – "Para a Galileia. Lá o vereis"*: Na Última Ceia, ao prever que os discípulos o abandonariam, Jesus já tinha anunciado: "Depois de ressuscitar, irei à vossa frente para a Galileia" (26,32). Galileia é o local do início e de boa parte do ministério de Jesus (4,18-22; 4,17–19,2), do chamado dos discípulos e da missão que o Ressuscitado lhes vai conferir (28,16-20). Em Lc 24, Jo 20 e Mt 28,8-10 as aparições do Ressuscitado acontecem em Jerusalém e arredores. Em Mt 28,16-20 e Jo 21 Jesus aparece na Galileia, para onde remete também Mc 16,8 (os v. 9-20 são acréscimo tardio).

### 12.1 Jesus aparece às mulheres (Mt 28,8-10)

As mulheres foram as primeiras a receber a notícia da ressurreição de Jesus e as primeiras agraciadas com uma manifestação do Ressuscitado. Em Jo 20,14-18 Jesus aparece apenas a Maria Madalena.

*"Cheias de temor e grande alegria, correram para dar a notícia aos discípulos"* (v. 8): Segundo Mc 16,8, as mulheres, perplexas e apavoradas, fugiram do túmulo e "não disseram nada a ninguém". Em Mateus elas correm alegres para anunciar aos discípulos a grande notícia. Temor e alegria acompanham as aparições de anjos e de Jesus (Mc 16,8; Lc 24,5.37-41).

*"...se prostraram"* (v. 9): Enquanto Jesus vai ao encontro das mulheres elas também se aproximam dele, abraçam seus pés e prostram-se, como os magos (2,1-12) ou o leproso (cf. 8,2). É um gesto respeitoso de adoração, não a um fantasma, mas ao Ressuscitado, a uma pessoa concreta. O contato físico com o Ressuscitado é frisado em Lc 24,39 ("Tocai-me e vede") e em Jo 20,27 ("Põe aqui o dedo e olha minhas mãos").

*"Ide dizer a meus irmãos"* (v. 10): A repetição da ordem dada pelo anjo, agora por Jesus, mostra a importância do último encontro com os discípulos e da missão que vão receber (28,16-20). Jesus chama seus discípulos "meus irmãos", isto é, sua nova família: "Quem fizer a vontade do meu Pai que está nos céus, este é meu irmão, minha irmã e minha mãe" (12,49-50). No juízo final o Filho do homem dirá: "Todas as vezes que fizestes isso a um desses meus irmãos menores, a mim o fizestes" (25,40). João também cita a ordem dada a Maria Madalena pelo Ressuscitado: "Vai aos meus irmãos e dize-lhes" (Jo 20,17). – *"Lá me verão"*: Mateus não fala de aparição de Jesus aos discípulos em Jerusalém; apenas menciona a aparição às mulheres (v. 9). Mas fala da aparição na Galileia, onde Jesus começou seu ministério público (4,12-17) e onde terá início a missão dos discípulos.

# 13

## O suborno dos soldados
## (Mt 28,11-15)

11Enquanto as mulheres iam, alguns dos soldados vieram à cidade e comunicaram aos sumos sacerdotes tudo o que havia acontecido. 12Reunidos em conselho com os anciãos, eles tomaram bastante dinheiro, deram-no aos soldados 13e disseram: "Dizei que os discípulos vieram à noite e roubaram o corpo, enquanto dormíeis. 14E se a coisa chegar aos ouvidos do governador, nós o aplacaremos, e vós estareis seguros". 15Pegando o dinheiro, os soldados fizeram como lhes fora dito. Esta versão espalhou-se entre os judeus até o dia de hoje.

Este texto é exclusivo de Mateus. Tanto a notícia da guarda montada junto ao túmulo de Jesus (27,62-66) como a do suborno devem provir de ambientes judeu-cristãos de Jerusalém, em polêmica com as autoridades judaicas. São as mesmas que tramaram a morte de Jesus (26,3-5), levantaram falsas acusações (26,59-61) e o condenaram à morte (27,1); acusaram-no perante Pilatos (27,12), exigiram sua crucifixão (27,23) e zombaram dele na cruz (27,41-43). Preocupam-se, agora, em pedir uma guarda a Pilatos, a ser colocada junto ao túmulo.

*"Alguns soldados"* (v. 11): Poderiam ser guardas da polícia do Templo, comandada pelos sumos sacerdotes, ou soldados romanos cedidos a eles por Pilatos. Enquanto as mulheres iam cumprir a ordem de anunciar a ressurreição e os santos

ressuscitados aparecem na cidade confirmando a versão das mulheres, os soldados levam outra versão do acontecido às autoridades, que será usada para contestar a ressurreição.

*"Eles tomaram bastante dinheiro"* (v. 12): Dinheiro já foi usado para "trair sangue inocente" (27,3-10; cf. 26,15). Agora será usado para espalhar o boato do roubo do corpo do Crucificado (v. 13) e calar o anúncio de sua ressurreição. Mateus faz várias advertências sobre os perigos do dinheiro (6,19-34; 10,8-9; 13,22; 19,16-30).

*"Se a coisa chegar aos ouvidos do governador"* (v. 14): Os sumos sacerdotes pensavam que o governador também teria interesse em silenciar a versão dos discípulos, segundo a qual o túmulo estava vazio porque Jesus havia ressuscitado. Segundo eles, tal versão poderia reacender o entusiasmo em torno de Jesus, que Pilatos mandara crucificar.

*"Esta versão espalhou-se entre os judeus até o dia de hoje"* (v. 15): A frase supõe que passou muito tempo entre os acontecimentos e o momento em que o evangelista escreve. Por isso a insistência em desmentir o boato do roubo do corpo de Jesus pelos discípulos.

# 14

## Aparição na Galileia e a missão aos gentios
(Mt 28,16-20; cf. Mc 16,9-20; Jo 21)

> 16Os onze discípulos foram para a Galileia, ao monte que Jesus lhes tinha indicado. 17Logo que o viram prostraram-se; alguns, porém, duvidaram. 18Então Jesus se aproximou e lhes disse: "Toda a autoridade me foi dada no céu e na terra. 19Ide, pois, fazei discípulos meus todos os povos, batizando-os em nome do Pai e do Filho e do Espírito Santo, 20ensinando-os a observar tudo quanto vos mandei. Eis que eu estou convosco, todos os dias, até o fim do mundo".

Mateus já mencionou uma primeira aparição de Jesus às mulheres, ainda em Jerusalém, quando elas se dispunham a comunicar aos discípulos que ele os precederia na Galileia, onde o veriam (27,8-10). Esta antecipação prepara e realça a importância da aparição na Galileia. A constatação do túmulo vazio, sem dúvida, é uma pressuposição necessária para a fé cristã na ressurreição de Jesus. "Mas ela mesma não prova a ressurreição de Jesus, pois o túmulo vazio pode ter várias explicações. Os cristãos devem apelar também para as narrativas das aparições, como suporte adicional de sua fé, em vista do crescimento e desenvolvimento da Igreja"[35].

A manifestação de Cristo aos discípulos na Galileia, acompanhada da missão, é material próprio de Mateus, mas corres-

---

**35.** HARRINGTON, Daniel J. *The Gospel of Matthew*, p. 413.

ponde à aparição em Jerusalém em João (Jo 20,19; cf. Lc 24,35). Predomina no texto o interesse eclesiológico (28,19-20), mas inclui também o cristológico (v. 17-18). Jesus confere aos discípulos o mandato da missão e assume o papel que Deus desempenha nas narrativas proféticas de vocação e missão (cf. Am 7,15; Is 6,8-10; Jr 1,4-10; Ez 2,2-5). Quem recebe a missão de caráter universal é uma comunidade pequena e marginal. Recebe-a de Jesus, aparentemente derrotado pelos seus inimigos na cruz, mas agora vivo e ressuscitado, que participa da autoridade cósmica do próprio Deus. O contexto da missão é o do mundo dominado pelos romanos, que concentra todo o poder nas mãos do imperador. Os romanos diziam que o imperador recebera de Júpiter o domínio sobre o mundo inteiro. O próprio historiador judeu "Josefo endossa o domínio mundial de Roma como vontade de Deus"[36]. Mas o domínio de Jesus ressuscitado não competirá com o poderio militar romano. Os discípulos recebem a ordem de levar a mensagem de Jesus e de seu Reino ao mundo inteiro.

"*Os onze discípulos foram para a Galileia*" (v. 16): São *onze* os discípulos, após o suicídio de Judas (27,3-10). Mateus não está preocupado na restauração do número doze, como o faz Lucas (cf. At 1,12-26). O cenário principal em que Jesus iniciou e executou o anúncio do reino de Deus foi a "*Galileia dos pagãos*" ou das nações (4,17). Já no final da Última Ceia Jesus dissera aos discípulos: "Depois de ressuscitar, irei à vossa frente para a Galileia" (26,32). O anjo repete este recado às mulheres após a ressurreição de Jesus (28,7) e o próprio Jesus o confirma quando vai ao encontro delas (28,10). Galileia sugere a amplidão e diversidade dos destinatários da missão, que

---

[36]. CARTER, Warren. *O Evangelho de Mateus*, p. 677.

inclui os povos pagãos. O local da manifestação do Ressuscitado na Galileia é confirmado por Mc 16,7 e pelo final do evangelho de João, que fala da aparição para alguns discípulos, à beira do lago (Jo 21). O encontro dos discípulos com Jesus ressuscitado na Galileia "tem por finalidade marcar a unidade e continuidade do plano divino relativamente à pregação de Cristo e à dos discípulos"[37]. – O "encontro marcado" se dará num *monte* indicado por Jesus. Este monte tem um valor simbólico: Moisés proclamou a Lei no monte Sinai (Ex 24,12-18). Num monte Jesus proclamou as bem-aventuranças e o sermão da montanha (Mt 5–7). Foi também num monte que ele se transfigurou e foi revelado pelo Pai como Filho muito amado, a quem todos deveriam escutar (Mt 17,1-8). Agora é o próprio Jesus que, num monte, dará a ordem aos discípulos de batizar e ensinar a todos os povos.

*"Logo que o viram prostraram-se"* (v. 17): Mateus dá menos importância ao fato da aparição como tal e mais ao gesto de adoração (cf. 28,9-10) e à mensagem do Ressuscitado (cf. 2,2.11; 4,9-10; 8,2; 9,18; 17,14). Os discípulos repetem o gesto de adoração das mulheres, que indica adesão de fé (v. 9). – *"Alguns, porém, duvidaram"*: Mateus alude à dificuldade em crer na ressurreição, mas o motivo da dúvida está presente em todas as aparições do Ressuscitado (Lc 24,11. 25.37; Jo 20,24-29) e faz parte de outras manifestações divinas no Antigo Testamento (cf. Gn 18,12; Jz 6,18; 13,8-24). Para Mateus, a dúvida de alguns sobre a ressurreição de Jesus não é desculpa para não cumprir a missão que os apóstolos, em seguida, vão receber. Jesus censura a dúvida e a pouca fé de Pedro (Mt 14,23-33) e dos discípulos (17,14-21), dúvida

---

37. BURNIER, Martinho Penido. *Perscrutando as Escrituras*, 1971, p. 97.

que ainda persiste, mesmo assim os confirma como mensageiros de seu evangelho.

*"Jesus se aproximou"* (v. 18): Em Mateus, normalmente, são as pessoas que se aproximam de Jesus. Aqui, é Jesus que se aproxima dos discípulos. – *"Toda a autoridade me foi dada no céu e na terra"*: Jesus rejeitou a oferta do diabo, que na tentação lhe oferecia o domínio sobre todos os reinos da terra, contanto que o adorasse (4,8). Assumiu, porém, a missão de anunciar a vinda do reino dos céus (4,17). Depois, fiel aos projetos de Deus, como Filho muito amado (3,17; 17,5) louva o Pai, "Senhor do céu e da terra" que se revela aos pequeninos e diz: "Tudo me foi entregue por meu Pai" (11,25-27). Ensinava "como quem possui autoridade" (7,29), reivindicava o poder de perdoar pecados (9,6), mas os sumos sacerdotes e anciãos questionavam sua autoridade de ensinar no Templo (21,23). Ridicularizaram-no como Cristo, o rei de Israel (27, 11.27-31.37.42). Agora, como Ressuscitado, Jesus afirma ter recebido do Pai o domínio universal ("no céu e na terra"), a exemplo do filho de homem de Daniel: "Foram-lhe dados domínio, glória e realeza e todos os povos, nações e línguas o serviam" (7,14).

*"Ide, fazei discípulos meus todos os povos"* (v. 19): A última ordem de Jesus aos discípulos tem um sabor eclesial. Discípulo é um termo importante no evangelho de Mateus e aqui é transformado num verbo, "fazer discípulos". Discípulo é aquele que segue a Jesus. A ordem é convidar e colocar no seguimento de Jesus todos os povos, ou nações. Portanto, a missão é aberta para judeus e pagãos. Jesus é apresentado na genealogia como descendente de Abraão (1,1-17), em quem "serão abençoadas todas as famílias da terra" (Gn 12,3). Os projetos de Deus são universais e "esta bênção é tornada dis-

ponível por meio da comunidade de discípulos de Jesus"[38]. A salvação que os profetas preanunciavam para todos os povos (Is 2,2-4; 49,6; 60,3; Jr 16,19-20), torna-se agora realidade através do discipulado: entrar em relação pessoal com Jesus Cristo, pondo-se no seu seguimento e fazendo parte da comunidade dos seus discípulos[39].

*"Batizando-os em nome do Pai e do Filho e do Espírito Santo"*: A fórmula trinitária para a administração do Batismo no uso da Igreja do final do I século é atestada também pela Didaqué (7:1-3), ou "Instrução dos Doze Apóstolos". O batismo "em nome de" representa um compromisso, posse e proteção (Sl 124,8). Antes de se tornar trinitária, a fórmula do Batismo parece ter sido cristológica. De fato, no dia de Pentecostes, Pedro diz: "Arrependei-vos e cada um de vós seja batizado em nome de Jesus Cristo para o perdão dos pecados, e recebereis o dom do Espírito Santo" (At 2,38).

*"Ensinando-os a observar"* (v. 20): O ensinar inclui o conhecimento da pessoa, das ações e, sobretudo, dos ensinamentos de Jesus Cristo, contidos nos seus sermões (Mt 5–7; 10; 13; 18; 23–25). Não se trata de um conhecimento apenas teórico, mas prático: *"tudo quanto vos mandei"*. Para fazer parte da nova família de Jesus Cristo é necessário fazer a vontade do Pai, como Jesus a fez: "Quem fizer a vontade do meu Pai que está nos céus, este é meu irmão, minha irmã e minha mãe" (Mt 12,50). A relação pessoal com Jesus e com o Pai se realiza pela observância de seus mandamentos, como dirá João: "Se alguém me ama, guarda minha palavra, meu Pai o

---

**38.** CARTER, Warren. *O Evangelho de Mateus*, p. 680.

**39.** BARBAGLIO, Giuseppe e colab. *Os evangelhos* (I), p. 418.

amará, viremos a ele e nele faremos morada" (Jo 14,23; cf. 14,15; 15,10).

*"Eis que estou convosco"*: A promessa de Jesus retoma o tema do Emanuel, "Deus conosco", do início do evangelho (1,22-23). Jesus é o ressuscitado que caminha sobre as águas e diz aos discípulos: "Coragem! Sou eu! Não tenhais medo" (14,27); é ele que promete estar presente onde dois ou três estiverem reunidos em seu nome (18,20). A presença divina garantida aos que Deus chama no Antigo Testamento para uma missão, como Moisés (Ex 3,12), Josué (Js 1,5.9), Gedeão (Jz 6,11-18), Jeremias (1,8; cf. Is 41,10; 43,5), torna-se agora realidade em Jesus Cristo, que garante assistência aos mensageiros de seu evangelho no mundo[40]. Mateus não fala da ascensão de Jesus, nem do envio do Espírito Santo. Mas o próprio Cristo ressuscitado assume as funções que em outros textos do Novo Testamento se atribuem ao Espírito Santo.

Quando Jesus, em vida pública, envia seus apóstolos em missão, sua ação devia restringir-se apenas às ovelhas perdidas da casa de Israel (10,6), evitando no caminho o anúncio aos pagãos e aos samaritanos. O conteúdo da missão incluía curar os enfermos, ressuscitar os mortos, limpar os leprosos e expulsar os demônios (10,8). Agora, com a garantia da presença e assistência do Cristo ressuscitado, a missão dos apóstolos se amplia: Devem "fazer discípulos" entre todos os povos, batizando e ensinando a observar tudo quanto Ele ordenou. É isso que a comunidade de Mateus estava fazendo e a Igreja, em nossos dias, é convidada a fazer.

---

[40]. BONNARD, Pierre. *L'Évangile selon Saint Matthieu*, p. 419.

# Referências

BARBAGLIO, Giuseppe; FABRIS, Rinaldo & MAGGIONI, Bruno. *Os evangelhos* (I). São Paulo: Loyola, 1990.

BONNARD, Pierre. *L'Évangile selon Saint Matthieu* – Commentaire du Nouveau Testament. Neuchâtel: Delachaux & Niestlé, 1963.

BURNIER, Martinho Penido. Paixão e ressurreição. In: *Perscrutando as Escrituras*. Fascículos VII-IX. Petrópolis: Vozes, 1970-1971.

CARTER, Warren. *O Evangelho de Mateus* – Comentário sociopolítico e religioso a partir das margens. São Paulo: Paulus, 2002 [Grande Comentário Bíblico].

HARRINGTON, Daniel J. *The Gospel of Matthew*. Collegeville: The Liturgical Press, 1991.

KONINGS, Johan. *Sinopse dos evangelhos de Mateus, Marcos e Lucas e da "Fonte Q"*. São Paulo: Loyola, 2005.

LANCELLOTTI, Angelo. *Matteo*: versione, introduzione e note. Roma: Paoline, 1978.

MAGGIONI, Bruno. *Os relatos evangélicos da paixão*. São Paulo: Paulinas, 2000.

MARXSEN, Willi. *El evangelista Marcos* – Estúdio sobre La historia de la redaccion del Evangelio. Salamanca: Sígueme, 1981.

PAGOLA, José Antonio. *Jesus, aproximação histórica*. Petrópolis: Vozes, 2010.

VANHOYE, A.; POTTERIE, I. de La; DUQUOC, Ch. & CHARPENTIER, E. *La passione secondo i quattro Vangeli*. 2. ed. Brescia: Queriniana, 1985.

## CULTURAL

Administração
Antropologia
Biografias
Comunicação
Dinâmicas e Jogos
Ecologia e Meio Ambiente
Educação e Pedagogia
Filosofia
História
Letras e Literatura
Obras de referência
Política
Psicologia
Saúde e Nutrição
Serviço Social e Trabalho
Sociologia

## CATEQUÉTICO PASTORAL

**Catequese**
Geral
Crisma
Primeira Eucaristia

**Pastoral**
Geral
Sacramental
Familiar
Social
Ensino Religioso Escolar

## TEOLÓGICO ESPIRITUAL

Biografias
Devocionários
Espiritualidade e Mística
Espiritualidade Mariana
Franciscanismo
Autoconhecimento
Liturgia
Obras de referência
Sagrada Escritura e Livros Apócrifos

**Teologia**
Bíblica
Histórica
Prática
Sistemática

## REVISTAS

Concilium
Estudos Bíblicos
Grande Sinal
REB (Revista Eclesiástica Brasileira)
SEDOC (Serviço de Documentação)

## VOZES NOBILIS

Uma linha editorial especial, com importantes autores, alto valor agregado e qualidade superior.

## VOZES DE BOLSO

Obras clássicas de Ciências Humanas em formato de bolso.

## PRODUTOS SAZONAIS

Folhinha do Sagrado Coração de Jesus
Calendário de Mesa do Sagrado Coração de Jesus
Folhinha do Sagrado Coração de Jesus (Livro de Bolso)
Agenda do Sagrado Coração de Jesus
Almanaque Santo Antônio
Agendinha
Diário Vozes
Meditações para o dia a dia
Guia do Dizimista
Guia Litúrgico

### CADASTRE-SE
www.vozes.com.br

**EDITORA VOZES LTDA.**
Rua Frei Luís, 100 – Centro – Cep 25689-900 – Petrópolis, RJ – Tel.: (24) 2233-9000 – Fax: (24) 2231-4676
E-mail: vendas@vozes.com.br

UNIDADES NO BRASIL: Aparecida, SP – Belo Horizonte, MG – Boa Vista, RR – Brasília, DF – Campinas, SP
Campos dos Goytacazes, RJ – Cuiabá, MT – Curitiba, PR – Florianópolis, SC – Fortaleza, CE – Goiânia, GO
Juiz de Fora, MG – Londrina, PR – Manaus, AM – Natal, RN – Petrópolis, RJ – Porto Alegre, RS – Recife, PE
Rio de Janeiro, RJ – Salvador, BA – São Luís, MA – São Paulo, SP
UNIDADE NO EXTERIOR: Lisboa – Portugal